Franziska Neidt

Klang der Seele

- Mein Leben mit Borderline -

MASOU-Verlag

2015 MASOU-Verlag UG

Umschlaggestaltung: Manuela Samel
Umschlagbild und Illustrationen: Franziska Neidt
Druck: Druckerei WIRmachenDRUCK GmbH
ISBN: 978-3-944648-28-6

Hinter dem Pseudonym Franziska Neidt steckt die wahre Geschichte einer Frau, die sich nach einem schweren psychischen Zusammenbruch auf den Weg machte, sich selbst zu finden.
Sie begann zu schreiben, ihre Gedanken und Gefühle fanden Platz in ihren Texten und Gedichten. Jedes Gedicht ist Teil ihrer persönlichen Geschichte.
In diesem Buch stellt sie ihre Gefühls- und Gedankenwelt in ihren Gedichten vor und gibt hierbei zusätzlich Einblick in ihr Leben und in ihre psychische Erkrankung, der emotional instabilen Persönlichkeitsstörung / Borderline Typ. Durch ihre offene Art zeigt sie, dass es einen Weg gibt, den es lohnt zu gehen. Einen Weg zur Heilung und Besserung von psychischer Instabilität. Jeder Mensch mit einer psychischen Erkrankung hat die Kraft, für ein lebenswertes Dasein zu kämpfen.

Dies hier ist ihre Geschichte.

Leben
2012
Raus aus dem Seelenschmerz • Rein ins Seelenheil
Leben
2007
Fallen Angel

Mein Name ist Franziska Neidt, ich wurde 1973 in Würzburg geboren.

Viele Menschen haben mich gefragt, warum ich meine eigene Lebensgeschichte so in die Öffentlichkeit stelle. Ich gab zur Antwort: „Weil ich dadurch meine Geschichte besser verarbeiten kann, und vor allem macht es anderen Betroffenen Mut, niemals aufzugeben und immer auf dem Weg zu bleiben, denn mit Mut und Hoffnung kann man alles erreichen."

Folgendes Zitat war für mich wichtiger Bestandteil während der Aufarbeitung:

„Das Schweigen brechen, ist der erste Schritt zur Heilung!"

Bevor ich mit meiner Geschichte beginne, möchte ich besonders betroffene Menschen darauf hinweisen, dass der Umgang mit anderen Lebensgeschichten sehr triggernd wirken kann. Das heißt, dass andere Lebensgeschichten bei Betroffenen viele Gefühle auslösen können. Bitte geht achtsam mit euch, euren Gefühlen und Gedanken um, die vielleicht durch das Lesen meines Buches entstehen können.

Ich habe es mir zur Aufgabe gemacht, anderen Menschen durch meine Geschichte zu zeigen, dass es immer einen Weg aus der Dunkelheit gibt und man das Leben neu leben kann.

Jedes Leben hat eine Geschichte und diese ist meine.

„Eigentlich" verlief mein Leben bis zu meinem 29. Lebensjahr relativ normal. So dachte ich zumindest, denn bis zu diesem Zeitpunkt ahnte ich noch nichts von all den schrecklichen Dingen, die ich aus meinem Bewusstsein verdrängte. Ich hatte eine Kindheit, verbrachte einige Jahre in einem Kinderheim, erlebte die Scheidung meiner

Eltern, hatte Freundschaften, traf mit 15 Jahren meine erste große Liebe, hatte erste sexuelle Erfahrungen im Alter von 17 und lernte dann mit 18 Jahren die Liebe meines Lebens kennen - meinen jetzigen Ehemann.
Bis zu diesem Zeitpunkt ahnte ich nicht, was auf mich zukommen sollte, denn die Welt ist eine gute Welt, mit guten Menschen. So dachte und erlebte ich es bis dahin.
Als ich dann endlich 18 Jahre alt wurde, hatte ich in meinem Kopf plötzlich diese Bilder. Bilder der Erinnerungen. In diesen Erinnerungen geschahen einige Dinge, die wohl doch nicht so „normal" waren, wie ich dachte.
Mein Stiefvater missbrauchte mich und redete mir ein, alles sei normal und gut. Als damals erst 9-jähriges Mädchen war ich ihm ausgeliefert. Kein Kind sollte so etwas tun, ertragen und erleiden müssen, denn die Angst, die ein Kind in diesem Moment empfindet, ist unvorstellbar.
Jedoch war dies nicht alles, was ich so vor meinem inneren Auge sah. Da gab es noch eine andere Sache.
Ehe ich ins Kinderheim kam, musste ich bei einem Bekannten meiner Mutter und meines Stiefvaters wohnen. Ich war damals 11 Jahre alt. Der Bekannte war auch erst 21 Jahre. Er kam eines Nachts alkoholisiert nach Hause und es kam erneut zu einer Missbrauchs- und Misshandlungserfahrung.

Kurz nach diesem Erlebnis kam ich ins Kinderheim. Im 4-wöchigen Rhythmus durfte ich immer nach Hause fahren, was ich seltsamerweise gerne tat. Meine Mutter und mein Stiefvater hatten eine Kneipe, und ich durfte an den Wochenenden bis spät in die Nacht dort mit dabei sein. Ich bekam in großen Mengen Alkohol zu trinken, und meine Mutter lachte über meinen Vollrausch als 13-Jährige. Die Männer in der Kneipe liebten mein Lächeln, das jedoch nur meine Maske war. Es hieß eigentlich nur: „Was tut ihr alle da mit mir? Seht ihr nicht, dass ich das alles nicht will?"
Irgendwann begannen an diesen Wochenenden meine ersten Selbst-

verletzungen. Mit Glasscherben fügte ich mir kleine Schnittwunden zu, schlug mir mit den Fäusten ins Gesicht oder mit meinem Handgelenk immer und immer wieder gegen eine Eisentür, in der Hoffnung, dass meine Knochen brechen würden. Die Schmerzen waren unerträglich, doch ich konnte nicht aufhören. Warum ich das tat, verstand ich zum damaligen Zeitpunkt nicht, und es interessierte mich auch nicht wirklich.
Heute weiß ich, dass dies einen einfachen Grund hatte. Ich wollte, dass jemand sieht, was ER mir antat! Aber niemand interessierte sich dafür oder registrierte das. Sprechen konnte ich darüber nicht. Jedoch fand ich mit 19 Jahren zum ersten Mal den Mut, mit meinem damaligen Freund, meinem jetzigen Mann, über das, was ich erlebte, zu reden. Daraus ergab sich ein Gespräch mit meiner Mutter, was jedoch sehr emotionslos und gefühlskalt ablief. Sie sprach nie wieder mit mir darüber.

Das Leben ging weiter wie bisher. Es gab für mich trotz dieser Erinnerungen keine Belastungen oder psychischen Probleme.
Im Alter von 21 Jahren heiratete ich meinen geliebten Freund. Ich bekam einen tollen Job, verbrachte mit meinem Mann ein Jahr in den USA und fast zwei Jahre in Canada. Meine beiden Söhne kamen zur Welt, und alles schien perfekt zu sein. Eine eigene Familie. Das war das, was ich bis dahin nie wirklich hatte. Es war wundervoll.
Dann kam das Jahr 2002. Ein Jahr, in dem sich alles ändern sollte. Ich bekam erste Angst- und Panikattacken und verstand die Welt nicht mehr. Ich rannte von Arzt zu Arzt, weil ich einfach nicht wusste, was mit mir los war. Irgendwann arrangierte ich mich mit diesen Problemen und hatte ja auch Unterstützung durch meinen Mann, meine systemische Therapie und meine Homöopathin. Im Laufe der Jahre kam es leider zu keiner Besserung. Im Gegenteil. Von Jahr zu Jahr wurden die Symptome und Gefühle schlimmer und unerträglicher. Die Tränen, die ich weinte, waren geprägt von Schmerz und Hoffnungslosigkeit, Schuldgefühlen und Trauer.
Ich hatte keine Antwort auf das „WARUM?“. Ich verstand einfach

nicht, was da mit mir passierte.
Ich sollte meine Antworten jedoch bald erhalten!

Im Jahre 2006 war nichts mehr, wie es war. Mein Leben stand auf dem Kopf. Unbewusst begann ich, ständig meine „Maske“ zu tragen. Damit ließ es sich wesentlich leichter leben. Meine gesamte Persönlichkeit begann sich zu verändern. Im Internet suchte ich nach Dingen, die realitätsfremd waren. Dadurch, dass ich Stunden im Netz verbrachte, rückte mein reales Leben immer mehr in den Hintergrund, und ich hatte irgendwann die Kontrolle über mich selbst verloren.
Ich vernachlässigte meine Kinder, den Haushalt, belog meinen Mann, begann 1,5 Stunden pro Tag zu joggen, was ich eigentlich nie zuvor gekonnt hatte. Ich hatte so viel Energie, dass ich nachts kaum Schlaf brauchte. Ich gab Geld aus ohne Ende, und alles war mir relativ egal, denn mir ging es ja gut. Ärzte sprachen von einer Manie, was ich damals nicht verstehen konnte. Ich war nicht mehr ICH, meine Gefühle waren nur noch kalt und herzlos, alles war so leer in mir. Eigentlich wollte ich am liebsten sterben. Das wäre der einfachste Weg gewesen, vor allem davonzulaufen.

Ein Auslöser 2006 brachte nun all das ins Rollen, was meine Seele verdrängt hatte. Durch einen Seitensprung, den Betrug an meinem Ehemann, kam es zu unendlichen Streitigkeiten und es entwickelte sich eine schwere Ehekrise. Wir versuchten beide, unsere unendliche Wut und Verletzungen am anderen auszulassen, was natürlich nicht der richtige Weg war, aber in diesen Momenten war es einfach eine Überforderungsreaktion von beiden. All das schien wohl in meinem Unterbewusstsein schon gespeichert gewesen zu sein und deshalb waren diese Dinge wohl der Auslöser für alles, was danach folgte.
Der seelische Schmerz und die unendlichen Schuldgefühle brachten mich dazu, mich sehr schwer selbst zu verletzen und nur noch zu reagieren, weil mich diese innere Leere überflutete.
Eigentlich lebte ich nicht mehr, sondern führte einen Überlebens-

kampf, der nicht enden wollte. Zum einen waren da schreckliche Eheprobleme zu bewältigen und zum anderen all die Dinge, die unterdessen Besitz von mir ergriffen hatten. Plötzlich kamen Erinnerungen hoch, die über 23 Jahre in meiner Seele tief verschlossen gewesen waren.
Flashbacks brachten sie an die Oberfläche, und ich musste alles erneut erleben. Flashbacks sind die sogenannten Erinnerungen, die in Form von Bildern oder auf körperlicher oder emotionaler Ebene zurückkommen. Ich spürte das, was ich als Kind erlebte, spürte den körperlichen und den seelischen Schmerz. Zum ersten Mal konnte ich erfassen und nachvollziehen, wie sich das kleine Kind von damals fühlte, was damals in mir vorging, was ich erlebte und ertragen musste. Es war die Hölle auf Erden. Die Gefühle des Missbrauchs, die Vergewaltigung durch den Stiefvater als ich 13 war und all die körperlich und seelisch verdrängten Erinnerungen bestimmten nun mein Leben.
Ich konnte das alles nicht begreifen, und häufig zweifelte ich an dem, was ich spürte und sah, denn so etwas konnte nicht echt sein. Aber dennoch war es die Realität. Immer wieder hatte ich die Bilder von Missbrauch, Demütigung, den schlimmen Prügeln und der Gewalterfahrungen meiner Kindheit vor Augen. Ich wollte oft nur noch sterben, um das nicht mehr spüren und erleben zu müssen. All das sind Dinge, die ein Kind niemals erfahren sollte, denn Kinder sollen doch in Liebe aufwachsen und nicht mit Schlägen, Schmerz und Missbrauch. Jedes Kind auf dieser Welt hat ein Recht auf Liebe, Respekt und Achtung.
Ist es nicht so?
Nun hieß es für mich, gegen die menschliche Psyche anzukämpfen. Anzukämpfen gegen etwas, das ich selbst nicht verursacht hatte.
Drei Jahre lebte ich in einem Ausnahmezustand, in einer Welt von Flashbacks, Dissoziationen, schweren Selbstverletzungen, psychoseähnlichen Zuständen, in denen ich Dinge und „Monster“ sah, die es nicht gab.
Leider passierte mir in dieser schweren Phase eine schreckliche Er-

fahrung im Internet. Ich suchte dringend Hilfe und nahm fast jeden Strohhalm, den ich bekommen konnte. Ich hatte so schwere Schuldgefühle meinem Mann gegenüber, und hatte ständig Angst, ihn zu verlieren. Dieses Gefühl machte mich fast verrückt, bis endlich jemand da war, der mir sagte, er könne mir helfen. Naivität und Leichtsinn sorgten dafür, dass ich auf jemanden hereinfiel, der meinte, mich therapieren zu können, der mir bei all meinen Problemen, die meinen Mann betrafen, würde helfen können. Er war Therapeut, Fotograf und führte eine Sexualtherapie durch, die in Deutschland verboten ist. Aus diesem Grund durfte ich auch niemandem davon erzählen. Warum auch immer, ich habe ihm geglaubt. Ich habe ihm geglaubt, wie damals meinem Stiefvater. Es gab Tränen, viele Gespräche und leider auch wieder schlimme Dinge, die ich mitgemacht habe. Ich erhob Anzeige gegen den sogenannten Therapeuten, doch leider wurde die Anzeige fallen gelassen, weil ich alle Dinge freiwillig mitgemacht hatte. Zum krönenden Abschluss stellte sich heraus, dass der gute Herr ein Kriminalbeamter gewesen war, der für die Trauma-Arbeit ausgebildet war.

Die menschliche Psyche ist wirklich eine Faszination für sich, die uns Menschen zu Dingen treibt, die unvorstellbar sind.
Klinikaufenthalte, Therapien und Aufarbeitung meiner Erfahrungen sorgten nun jahrelang für eine Berg- und Talfahrt meiner Gefühle und Gedanken.
Mein erster Aufenthalt in der Psychiatrie war der Beginn einer ernsthaften Therapie und der Beginn, mich auf das Erlebte einzulassen und daran zu arbeiten.
Jahrelang war ich stolz darauf gewesen, dass ich von meinen Ärzten nicht in eine „Diagnoseschublade" gesteckt wurde. Jedoch 2009, während meines 14-wöchigen Aufenthaltes im Bezirksklinikum, sollte Schluss damit sein.
Auf der einer Seite schockiert, auf der anderen Seite erleichtert, nahm ich mit Fassung die für mich gestellten Diagnosen an.
Posttraumatische Belastungsstörung, bipolare Störung (manische

Depression), Depressionen und eine Borderline-Persönlichkeitsstörung, die bis heute noch im Mittelpunkt meines Lebens steht.
Je mehr ich mich von diesem Moment an, vor allem mit der Borderline-Störung auseinandersetzte und identifizierte, umso besser verstand ich die Zusammenhänge meiner Verhaltensweisen, Reaktionen und Gefühlsausbrüche.
In Einzel- und Gruppentherapien kam es zwar lange Zeit noch zu schmerzhaften Erlebnissen, Gefühlsentladungen und auch kindlichen Verhaltensweisen, aber im Laufe der Jahre verspürte ich endlich eine Veränderung an mir und meinem Verhalten in bestimmten Situationen.
Somit kommt es mittlerweile auch kaum noch vor, dass ich vor Situationen wirklich davonlaufe, wie es vorher oft der Fall war. Es kommt zu keinen Fremdagressionen mehr, wie z. B. Gegenstände durch die Gegend werfen oder Küchenschränke eintreten. Jetzt bin ich an einem Punkt angekommen, an dem die Selbsterkenntnis bitter zuschlägt, war heißt, dass ich bewusst falsche Verhaltensweisen erkenne, auch unangebrachte und kindliche Reaktionen. Genau diese Erkenntnisse, sowie Bewusstseinserweiterungen sind ungemein wichtig, um längerfristig die eigene „Heilung" voranzubringen.
Seit dies zu einem festen Bestandteil meiner Therapie geworden ist, ist vieles einfacher für mich geworden.
Natürlich liegt immer noch viel Arbeit vor mir, denn wie mein Arzt vor Jahren einmal zu mir sagte: „Frau Neidt, 35 Jahre kann man nicht in drei Jahren aufarbeiten."

Trotz alledem kommt es in Überforderungssituationen immer wieder noch zu Selbstverletzungen, Rückfälle in kindliche Verhaltensweisen, trotzigem Verhalten oder zu Wutausbrüchen, aus denen ich mich jedoch bewusst in kurzer Zeit befreien kann.
An meinen sexuellen Problemen, die durch den Missbrauch entstanden sind, möchte ich jetzt noch verstärkt arbeiten, um auch dieses Kapitel für mich zu beenden.

Dies war nun ein kleiner Ausschnitt aus meiner persönlichen Lebensgeschichte. Mehr gibt es hierzu später noch zu lesen.
Folgende Worte sind mir für alle Betroffenen von Misshandlung, Missbrauch und psychischen Erkrankungen wichtig:
Den Weg der Aufarbeitung, einer Heilung, einer Verbesserung des Krankheitsbildes ist ein langer und steiniger Weg, verbunden mit viel Schmerz, Tränen und einer großen Gefühlspalette.
Suizidgedanken, Gefühle und Gedanken zwingen uns häufig in die Knie.

ABER: Bitte denkt immer daran, es geht immer weiter! Mit viel Kraft und Stärke werdet ihr euren Weg meistern, genauso wie ich, denn wir sind niemals allein!!!!!
In jedem von uns steckt ein Kämpfer/eine Kämpferin.
An einer psychischen Erkrankung zu leiden, bedeutet nicht zwangsläufig irre, „durchgeknallt“, unfähig oder minderwertig zu sein. Es gibt Menschen, die dieser Ansicht sind, die glauben, dass „wir“ das eh nicht schaffen. Die Stigmatisierung bei den psychischen Erkrankungen ist sehr hoch, und ich gehöre zu denjenigen, die sich dafür einsetzen, damit sich dies ändert.
Auch ich habe öfter die Erfahrung machen müssen, dass Menschen mich abgewertet, nicht an mich geglaubt, mich gemobbt, und mich dadurch schwer verletzt haben. Aber genau durch meine Therapie habe ich gelernt, dass man mit Wut und Hass auf solche Menschen nicht weiterkommt. Vergessen wird man sicher nicht, aber man kann lernen, diesen Schmerz und diese Demütigung nicht an sich heranzulassen.
Versuchen und immer wieder aufs Neue üben, sich zu sagen:
„Ich kann alles schaffen. Denn ich bin genauso wertvoll wie alle anderen. Ich habe so viel erreicht, und ich habe überlebt. Das macht mir erst mal nach!!!!! Ich bin ich, und das wird sich nie ändern.“
In diesem Zusammenhang habe ich für all die Menschen, die nicht an mich glauben oder geglaubt haben folgendes Gedicht geschrieben:

„Unwissenheit“

Der Wunsch des Menschen besteht darin,
in seinem Herzen
Liebe zu empfangen,
Geborgenheit zu spüren
und den Glauben zu erlangen,
das Leben als Traum zu leben.

In der Tiefe des Herzens
leben unsere Träume.
In unseren Träumen lebt die Seele.
Die Seele - farbenfroh und sinnlich
und faszinierend zugleich.

Viele Menschen haben den Zugang zu ihrer Seele verloren,
haben den Zugang zu ihren Fähigkeiten verloren.
Sie haben verlernt, auf die Zeichen ihrer Seele zu hören.
Verlust von Wertschätzung
und Achtsamkeit
lassen die Seele weinen!
Leise fließen die Tränen,
und langsam bricht die Fassade.

Der Mensch ist taub und blind
für wahre Liebe, Gefühl und Freundschaft.
Erscheint auf unserer Erde
als kleines Wesen in der Unendlichkeit.
Aus der Unendlichkeit tritt hervor
die Seele des Menschen,
die genau dies erkennt.

Sie greift deine innere Hand,
führt dich leise und bewusst
an einen Ort in deiner Seele.
Du wirst fühlen, was es bedeutet, geliebt zu werden,
was es heißt, wahrgenommen zu werden,
zu sehen, wie eine Seele heilt,
zu spüren, wie Schmerz entsteht.

Du wirst erfahren, wo Menschen wie ich
die Stärke entnehmen,
um dieses Leben zu meistern.
Du wirst erleben, dass Glaube und Hoffnung
Berge versetzen können.
Dass Narben auf einem Körper
Zeichen für eine Geschichte sind, die gelebt wurde.

Du wirst erkennen, welche Fähigkeiten in mir stecken,
und Du wirst sagen:
„Ich konnte es nicht sehen.“
Und ich werde sagen:
„Ich weiß, und es ist ok.“
Ich löse mich von deiner inneren Hand,
lasse dich gehen,
lasse dich los.

Ich spüre die Veränderung eines Augenblicks.
Was Du mit deiner Erkenntnis machst,
weiß ich nicht.
Aber ich gehe meinen Weg,
wieder ein Stück stärker
mit noch mehr Mut und Freude.
Ein Stück meines Lebens

hast du mich begleitet,
und dafür danke ich Dir.
Du hast mich gelehrt, Unwissenheit zu verzeihen.

Lebe Wohl - du Mensch der Unendlichkeit.
Wir sind alle eins - vergiss das nie.

Es wird immer wichtig sein, ganz sorgfältig auf sich selbst zu achten. Durch eine psychische Erkrankung sind viele Menschen hochsensibel und dadurch leicht verletzbar. Jedoch habe ich gelernt und auch erfahren, dass ich viel an mir selbst arbeiten muss, um diese Verletzlichkeit in den Griff zu bekommen.
Es gibt diesen schönen Spruch: „Wir können die anderen nicht verändern, wir können nur uns selbst verändern."
Daran ist wirklich viel Wahres, und ich versuche dies täglich aufs Neue.

Und ganz wichtig ist:

GLAUBE NICHT ALLES, WAS DU DENKST!
Das hilft mir in manchen Situationen sehr viel weiter.

Ich traue mich zu sagen, dass ich trotz meiner Erkrankung ein lebenswertes Leben habe. Ich habe eine Familie, arbeite beruflich mit geistig und psychisch kranken Menschen, schreibe Gedichte, verfasse Texte, bin bereits in meiner zweiten Anthologie vertreten, hatte bereits die zweite Ausstellung meiner gemalten Bilder und versuche mehr und mehr loszulassen und einfach weiterzukämpfen für das, was mir in meinem Leben wichtig ist, auch wenn es oft schwer erscheint.
Jeder Mensch hat Träume, Wünsche und Ziele. Warum also nicht

mit aller Kraft dafür kämpfen, um genau diese zu erreichen.

Nun haben wir das Jahr 2014, und seit zwölf Jahren arbeite ich unbewusst und bewusst an meiner Psyche, hatte Rückschritte und Fortschritte, dachte an Aufgeben und Weitergehen, empfand Hass und Glück, lernte mein inneres Kind kennen, dachte an den Tod und das Leben, fühlte Liebe und Verzweiflung, Trauer und Schmerz.

ABER: ICH LEBE.
Ich will nicht mehr nur überleben, sondern endlich leben.

Zu Beginn waren meine Gedichte noch voller seelischem Schmerz, da ich mit der Aufarbeitung noch ganz am Anfang stand. Der Schmerz drückte sich in den Gedichten aus.

Wer hat sie gesehen?
Die Tränen des kleinen Mädchens?

Wie sie sich selbst verletzte,
damit jemand sieht,
was er ihr antat.
In Worte war es nicht zu fassen,
die Angst versteckte die Tränen,
die Angst versteckte die Traurigkeit,
die Angst versteckte die Hoffnung.
Warum hat es niemand gemerkt,
wie er die kleine Seele zerstörte?

Mein Kinderlachen so voller Freude.
Meine Augen glänzen
durch die Liebe meiner Eltern!

Verbunden mit dem Leben,
was Schönes bereit hält für mich.
Eine Zukunft so voller Träume.
Eine Zukunft so voller Zuversicht.

Da kam „ER“

wie ein Blitz aus heiterem Himmel.
Ein Blitz, der einschlug in mein Leben.
Ein Blitz, der mein „inneres Kind“ zerstörte.

Der Kontakt zu meinem inneren Kind

Hier möchte ich meine persönliche Erfahrung schildern, wie ich zu meinem inneren Kind fand und somit einen sehr großen Teil, den schmerzlichen Teil, meines Lebens bewältigte.

Im Frühjahr 2007 las ich zum ersten Mal in dem Buch „Trotz allem“ und „Nicht allein“ über das sogenannte innere Kind, das in jedem von uns ist. Es beinhaltet Übungen, um mit seinem inneren Kind in Kontakt zu treten und es in gewisser Weise hervorzuholen. Dazu war ich allerdings nicht in der Lage. Ich machte mir viele Gedanken darüber, aber in mir waren die Gefühle von Ablehnung, ja sogar Hass verankert. Ich wollte von meinem inneren Kind nichts wissen, schließlich war es schuld daran, dass es mir zu diesem Zeitpunkt so schlecht ging (so dachte ich es zumindest). Also überlas ich diese Stellen immer ganz bewusst, wenn sie in einem Buch vorkamen, denn ich wollte damit nichts zu tun haben.

So vergingen die Monate, aber mit meinem inneren Kind wollte ich mich einfach nicht auseinandersetzen, bis zu diesem Tag im August. Ich erinnere mich gut daran, als sei es gestern gewesen.

Es war der 2. August 2007. Ich hatte einen Therapietermin. Morgens hatte ich mich dafür entschieden, zwei Stunden früher loszufahren, mich noch in ein Café zu setzen, um vor meinem Termin ein Gedicht zu schreiben. Ich hatte einfach so viel in mir, was zu Papier gebracht werden wollte. Das Gefühl hierbei war von so viel Wärme und auch Hoffnung begleitet. Ich konnte damals jedoch nicht sagen, warum dies so war, aber heute weiß ich es. Es war der Tag, als ich zum ersten Mal meinem inneren Kind begegnete. Ich saß also in diesem Café und schrieb einfach darauf los. Als ich das Gedicht fertig hatte, las ich es mehrmals durch, weil ich es kaum glauben konnte, was ich da zu niedergeschrieben hatte. Heute ist mir klar, dass es die tiefsten Gedanken meiner Seele waren, die hier sprachen.

Aber damals wusste ich lange Zeit nicht, was ich da eigentlich geschrieben hatte.
Am Ende der Therapiestunde hatte ich das starke Bedürfnis danach, meinen Therapeuten das Gedicht lesen zu lassen. Ich glaube, damit hatte ich ihm eine besondere Freude gemacht, denn ich konnte dies in seinen Augen sehen. Er spürte wohl zum ersten Mal die Hoffnung in mir und den Erfolg seiner Behandlung. Er fragte mich, ob ich ihm dieses Gedicht zukommen lassen würde, was ich natürlich voller Stolz auch tat.

Natürlich möchte ich euch das Gedicht nicht vorenthalten.

Brief an mein "inneres Kind"

Ich schaute hinaus auf den Horizont,
das Ende war nicht zu sehen.
Ich sah die Qualen eines Kindes,
ich hörte die stummen Schreie des Kindes.
Ich griff nach seiner Hand,
aber konnte es nicht erreichen.

Die traurigen Augen blickten mich an
und flehten um Hilfe.
Aber ich erreiche dich einfach nicht,
die Wellen der Zeit trennen uns.

Noch einmal sehe ich in deine glasigen Augen
und begreife was passiert.

- Ich sehe in meine eigenen Augen.
- Ich sehe in den Spiegel meiner Seele.
Ich hatte dich vergessen, mein kleines Kind.
Bitte verzeih mir!

Ich bin gegangen, als du mich am dringendsten brauchtest.

Ich hielt den Schmerz nicht aus,
die Demütigung
und ließ dich alleine mit der Gewalt.

Die Jahre vergingen,
und endlich ist sie da, die Zeit,
die Zeit, wo ich dich wiederfand.
- Du bist ein Teil von mir.
Ich werde dich beschützen,
dir Sicherheit geben,
wenn du ganz alleine bist mit dem Schmerz
der Vergangenheit.

Ich tröste Dich, wenn die Tränen kommen
und sich Hoffnungslosigkeit breit macht.
Wir schaffen ihn,
den Weg der Heilung!
Den Weg der Sicherheit!
Den Weg in ein neues Leben!

Wir trennten uns vor 20 Jahren,
um zu überleben,
um dem Grauen des Missbrauchs zu entkommen.
Wir werden uns wieder vereinen
und merken, wie schön das Leben ist.
Wir werden die Liebe in unserem Umfeld spüren
und endlich auch weitergeben können!
Gemeinsam vereint werden wir nicht
mehr „überleben“,
wir werden leben!!!

Noch heute sehe ich in diesem Gedicht etwas ganz Besonderes für mich.

Im Laufe der vergangenen Monate hatte ich immer mehr Begegnungen mit meinem inneren Kind. Ich begann, mich plötzlich zu interessieren. Ich habe viel gelesen und erfuhr immer mehr über mein eigenes inneres Kind. Mit der Zeit wurde mir bewusst, was man eigentlich unter dem inneren Kind versteht. Das innere Kind war in meinem Fall die kleine Franziska, das Mädchen, das damals in ihrer Kindheit die Gewalt, den Missbrauch und all die Schmerzen erlebte. Die kleine Franziska hatte niemals die Möglichkeit, sich frei zu entfalten. Sie wurde eingeengt, gedemütigt und bekam alles andere, als wahre Liebe, so wie es Kinder eigentlich verdienen. Dadurch hatte mein inneres Kind nicht die Möglichkeit, glücklich zu werden. Irgendwann in meiner Kindheit kam wohl der Moment, als ich mich von meinem inneren Kind trennte.
Ich musste stark sein, musste überleben. Und das tat ich. Es war wie eine Verdrängung. Ich wurde älter und dachte nicht mehr weiter über das nach, was passierte.
In den letzten Monaten war es plötzlich so, dass sich mein inneres Kind immer wieder in den Vordergrund drängte. Zu Beginn wusste ich nicht, was eigentlich in diesen Augenblicken passierte. Heute weiß ich auch dies.
Es waren genau jene Momente, in denen ich in Tränen ausbrach, in denen mich Flashbacks einholten, und in denen mich Träume und Wachträume in die Vergangenheit zurückversetzten. Genau dann war es mein inneres Kind, das sich bemerkbar machte. Es wollte beachtet werden, wollte sagen, ich bin auch noch da und möchte all die Schmerzen endlich loslassen. Ich kämpfte wohl immer dagegen an, aber je mehr ich dagegen ankämpfte, umso schlimmer wurde es. Irgendwann führte ich ein Telefonat mit einer sehr netten Frau, die ebenfalls eine Betroffene ist. Sie arbeitete auch sehr viel mit ihrem inneren Kind und vermittelte mir ein paar interessante Dinge, die mir halfen, langsam und sicher, mein inneres Kind zu akzeptieren.

Es fiel mir immer und immer leichter, und jede neue Erinnerung, jede Situation, die ich durchmachte, ließen mich dankbar sein, denn es bedeutete, ich konnte wieder ein Erlebnis loslassen und von meinem inneren Kind nehmen. Ich begann, mich um die kleine Franziska zu sorgen, ließ sie wieder einen Teil von mir werden. Dadurch spürte ich, dass mir vieles einfacher fiel und auch Sinn machte. Ich spürte, wie ich mich, durch die Arbeit mit dem inneren Kind, immer mehr annahm. Und je mehr ich mich annahm und liebte, umso weniger machte sich mein inneres Kind bemerkbar. Besonders während dieser Zeit hatte ich das Gefühl, endlich mit all den Schmerzen der Vergangenheit Frieden zu schließen.

Heute weiß ich, wie wichtig es ist, sich mit seinem inneren Kind auszusöhnen. Es kostet zu viel Kraft, dagegen anzukämpfen, und man kann nur verarbeiten, wenn man wirklich etwas tut und daran arbeitet, und dieser Weg ist Schwerstarbeit.

Heute kann ich mein inneres Kind - die kleine Franziska - annehmen, sie lieb haben, sie beruhigen und ihr die Sicherheit und Geborgenheit geben, die sie nie hatte, ja sogar in meinen Gedanken in den Arm nehmen.

Die Diagnose Borderline, auch emotional instabile Persönlichkeitsstörung genannt

Als ich im Jahre 2009 während eines Klinikaufenthaltes die Diagnose Borderline bekam, war ich anfangs sehr verwirrt und wusste nicht wirklich, was dies bedeutet.
Borderline?
Krank?
Ich?

So ein Quatsch!!!!!!

So begann mein Weg.

Ich konnte damit einfach nichts anfangen. Ich spürte die Symptome, da sie mich täglich begleiteten, aber wirklich Ahnung hatte ich keine. Die Zeit verging, und ich begann, mich mehr und mehr für das Krankheitsbild zu interessieren. Ich durchforstete das Internet, studierte Bücher, unterhielt mich mit Mitpatienten und bekam so einiges von meinen Therapeuten mit. Irgendwann gelangte ich an den Punkt, an dem ich Meister meiner eigenen Erkrankung wurde. Das half mir nach und nach, die Erkrankung zu akzeptieren und anzunehmen. Somit wurde der Umgang damit wesentlich leichter.
Irgendwann war ich soweit, dass ich selbst eine Definition für diese psychische Erkrankung schrieb. Es gibt ja viele Definitionen, aber ich fand niemals eine, die aus der Sicht einer Betroffenen heraus geschrieben wurde. Das war mir besonders wichtig geworden, und ich machte mich ans Werk.

Vorerst möchte ich anmerken, dass ich diese Beschreibung selbst verfasst habe. Ich bin keine Ärztin oder Therapeutin, ich habe keine psychische oder psychologische Ausbildung. Alles, was ich hier zu dieser Erkrankung schreibe, sind Informationen, die ich mir im Laufe der letzten Jahre selbst angeeignet habe. Natürlich kommen persönliche Erfahrungen hinzu und nicht zu vergessen, der Austausch mit Betroffenen in verschieden Foren und Internetseiten, privaten Homepages und mittlerweile auch mit Betroffenen in meinem persönlichen Umfeld, die ich durch meine Klinikaufenthalte kennen, und schätzen gelernt habe.

In dem Begriff emotional-instabile Persönlichkeitsstörung steckt bereits ein deutlicher Hinweis darauf, um was es sich bei dieser Störung handelt:
EMOTIONAL INSTABIL, das heißt, die Emotionen, die gesamte Gefühls- und Gedankenwelt der Betroffenen sind sehr instabil und zum Teil nicht kontrollierbar, wenn sie in einer Krise stecken. Die Hauptschwierigkeit liegt in einer Regulationsstörung, was so viel bedeutet, dass die Betroffenen oftmals Schwierigkeiten haben, ihre Gefühle und Handlungen der momentanen Situation anzupassen.
Es kann durchaus passieren, dass der/die Betroffene durch bestimmte Aussagen oder Handlungen einer Person mit Aggressivität oder Wut reagiert, weil die Aussage für den Betroffenen ein „Angriff" auf seine Person ist. Dies ist jedoch nur seine/ihre Wahrnehmung, die als real empfunden wird. Ebenso sind Tränenausbrüche, Zurückfallen in kindliche Verhaltensweisen oder aber auch Autoaggression und Selbstverletzung Folgen einer solch verzerrten Wahrnehmung.
Es gibt eine Menge Beispiele und Situationen, und bei jedem Betroffenen wirken sich Symptome und Verhaltensweisen anders aus. Eine große Rolle dabei spielt natürlich, wie schwerwiegend die Erkrankung bei jedem Einzelnen ausgeprägt ist und wie sich die Betroffenen auf die therapeutische Arbeit einlassen, bzw. einlassen können.

Der Begriff „Persönlichkeitsstörung“

Viele Menschen hören den Begriff Persönlichkeitsstörung und verknüpfen das sofort damit: „Das sind doch die, die mehrere Persönlichkeiten in sich haben!“
Dies ist jedoch nicht der Fall. Wäre dies so, dann würde man von einer MULTIPLEN PERSÖNLICHKEITSSTÖRUNG, heutzutage auch Dissoziative Identitätsstörung genannt, sprechen.
Wenn man also eine Persönlichkeitsstörung benennt, dann liegt die Ursache in den meisten Fällen in der Kindheit und Jugendzeit. Beispiele für den Auslöser der Erkrankung kann sexueller Missbrauch sein, aber auch körperliche und seelische Misshandlungen, Gewalt und Vernachlässigung.

Ein weiterer wichtiger Aspekt zur Persönlichkeitsstörung ist

Das gestörte Weltbild

Es kann nicht pauschal gesagt werden, wie ausgeprägt dies bei den Betroffenen jeweils ist. Die Ausprägung läuft von „fast gar nicht“ bis „schwere“ Ausprägung. In guten Phasen kann es durchaus sein, dass keinerlei Belastung da ist, was das Selbstbild betrifft, da kann es sogar sein, dass das Selbstbewusstsein besonders gestärkt ist. In schweren Krisen leidet das Selbstbild häufig sehr stark.

- Das eigene Spiegelbild ist nicht zu ertragen. Man sieht in den Spiegel und hat das Gefühl, man ist sich fremd
- Andauernde Minderwertigkeitsgefühle
- Man redet sich ein, alles falsch zu machen
- Ständig das Gefühl: Ich schaff es eh nicht, ich bin nichts wert, ichbin verrückt
- Anhaltende Unzufriedenheit mit dem eigenen Körper und dem eigenen ICH
- Mangelndes bis sehr geringes Selbstbewusstsein

- Fehlende Identität mit dem eigenen Ich
- Sich selbst nicht kennen
- Selbsthass
- Schuldgefühle

All das KÖNNEN Symptome eines gestörten Selbstbildes sein. Was dies zur Folge hat, könnt ihr in dem Abschnitt lesen, in dem ich die Erkrankung beschreibe, bzw. wie sich die Folgen davon auswirken.

Emotional-Instabile-Persönlichkeitsstörung - Borderline

Es gibt verschiedene Arten der Persönlichkeitsstörung. Laut der Internetseite Wikipedia gibt es 13 verschiedene Arten der Persönlichkeitsstörung. Aber hier geht es rein um die Diagnose Emotional-instabile Persönlichkeitsstörung- Borderline Typ (Diagnoseschlüssel nach ICD-10---F60.3).

Die Borderline-Persönlichkeitsstörung ist die häufigste vorkommende Persönlichkeitsstörung. Diese ist nicht heilbar, aber die Betroffenen können lernen, mit der Erkrankung umzugehen, sie in ihr Leben zu integrieren und somit eines Tages ein glückliches Leben zu führen, das mit nur wenig Krisen belastet ist.

Die Symptomatik der Borderline-Störung

Symptome gibt es eine ganze Menge. Ich werde sie nicht alle aufführen können, denn bei jedem Betroffenen zeigen sich andere, unterschiedliche Symptome in unterschiedlicher Ausprägung.

Wahrnehmungsstörung / verzerrte Wahrnehmung
Extreme Gefühlsschwankungen
Instabile Beziehungen
Sucht- und Risikoverhalten
Selbstverletzung (seelisch und körperlich)
Aggressives Verhalten
Gefühl der inneren Leere
Suizidgedanken und Handlungen
Extrem wackliges Selbstbild
Grenzgänger (sich immer irgendwie am Limit von Grenzüberschreitungen zu befinden, sich in gefährliche Situationen zu begeben, Selbstverletzungen, Gefühle, usw., dieses Wort ist wirklich schwer zu beschreiben)

Im Bereich der Symptomatik kann ich zum größten Teil nur auf meine Erfahrungen und mein Erleben zurückgreifen. Jedoch habe ich im persönlichen Kontakt mit anderen Betroffenen auch erfahren, dass es Symptome gibt, die ich persönlich nicht kenne und kannte oder die für mich auch nicht nachvollziehbar sind. Soviel zum Thema. Jeder hat seine eigene Geschichte mit eigenen Symptomen und wohl jede Borderline- Erkrankung hat ein anderes „Gesicht".

BORDERLINE heißt übersetzt soviel wie GRENZE!

Ich habe in meiner Ausbildung zur Heilerziehungspflegerin in einem Schulbuch gelesen, dass die Borderline – Störung Mitte des 19. Jahrhunderts als Krankheit anerkannt wurde. Borderline deshalb, weil die Erkrankung im seelischen Grenzbereich zwischen einer Psychose, Neurose und Persönlichkeitsstörung liegt. In diesem Zusammenhang wird häufig auch der Begriff „Grenzgänger" verwendet. Das ist wohl damit zu erklären, dass viele Betroffene sich an einer Grenze oder Grenzlinie bewegen, was Verhaltensweisen und Emotionen betrifft. Es gibt ja auch den sogenannten „gesunden" Bereich, in dem sich die meisten gesunden Menschen bewegen. „Borderliner" sind natürlich auch im gesunden Bereich zu finden und nicht nur im Grenzbereich zum Negativen. Je mehr die Betroffenen über ihre eigene Krankheit erfahren und lernen, damit umzugehen, umso mehr ist es ihnen möglich, sich im „gesunden Bereich" zu bewegen. Viele leben jedoch im Grenzbereich. Durch Probleme, Sorgen, Ängste, Retraumatisierung u.v.m. kann es passieren, dass die Betroffenen diese Grenzen überschreiten. Das heißt, es kommt meist zu Verhaltensweisen, die einem mehr schaden als helfen. Dazu gehören z.B. Selbstverletzung, Sucht- und Risikoverhalten, Aggressivität, um nur ein paar aufzuzählen. Ob die Bezeichnung „Grenzgänger" so richtig erklärt ist, weiß ich nicht. Es ist einfach nur meine Vermutung als Selbstbetroffene und den Informationen, die ich im Laufe der Zeit sammeln konnte.

„Borderliner“ und ihr soziales Umfeld

„Borderliner“- sind das nicht die, die sich selbst verletzen?
So lauten häufig die Aussagen von Menschen, die nicht wirklich einen Bezug zu dieser Erkrankung haben. Die Borderline-Störung ist noch heute sehr negativ behaftet. Denn die Erkrankung ist weit mehr als Selbstverletzung, Aggressivität, oder „Fehlverhalten“. Viele Menschen verurteilen die Betroffenen wegen ihrer Narben oder Verletzungen. Sie machen sich nicht mal die Mühe, es zu verstehen oder sich mit der Thematik auseinanderzusetzen, um zu begreifen, warum so etwas geschieht. Häufig werden die Betroffenen als aggressive Menschen dargestellt. Natürlich kann auch dies der Fall sein, aber die Betroffenen zu pauschalisieren ist das Schlimmste bei so einer Erkrankung. Selbst aggressives Verhalten oder verbal aggressives Verhalten hat Ursachen, die berücksichtigt werden sollten, bevor man ein Urteil abgibt. Natürlich sollte und darf die Erkrankung keine Entschuldigung für Fehlverhalten sein, aber es ist Therapiesache, dies zu bearbeiten und andere Verhaltensweisen zu lernen.

Ein weiterer Punkt ist, wie das Umfeld mit den Betroffenen umgeht. Viele Menschen gehen auf Rückzug, halten sich fern, weil sie nicht sicher sind, wie sie sich verhalten sollen oder was sie überhaupt sagen sollen. Die Angst, etwas falsch zu machen, etwas Falsches zu sagen oder wie der Betroffene reagiert usw. Ich kann das natürlich verstehen und werde es immer akzeptieren. Aber für viele Betroffene bedeutet dies eine große Unsicherheit, Angst, etwas Falsches getan zu haben, und so kommt es zu noch verstärkt zu sozialem Rückzug, denn man spürt die Unsicherheit auf „beiden Seiten“.

KOMMUNIKATION heißt HIER DAS ZAUBERWORT!

„Borderliner“ sind keine Unmenschen. Im Gegenteil. Die wenigsten Menschen wissen, dass Borderline-Betroffene zum größten Teil sehr hochsensible Menschen sind. Ihre Wahrnehmung, ihre Gefühle sind so stark ausgeprägt, dass dies oft sogar zur Belastung werden kann. Sie spüren Dinge und nehmen Kleinigkeiten wahr, die andere Menschen erst viel später erkennen und spüren.

FAZIT: Borderline >> Ich bin nicht meine Krankheit, ICH BIN ICH!!!

Ich persönlich durfte allerdings auch die Erfahrung machen, als „Borderlinerin" anerkannt und geschätzt zu werden. Ich traf Menschen, die mir immer wieder Mut zusprachen, die für mich in guten und schlechten Zeiten da waren. Selbst in meinem beruflichen Umfeld war meine Diagnose bekannt, und ich bekam alle Unterstützung, die ich benötigte, um meiner Arbeit mit behinderten Menschen nachzugehen. Ich bekam unglaublich positive Rückmeldungen, und einige bewunderten sogar meine Stärke und meinen Mut, in diesem Beruf als Heilerziehungspflegerin zu arbeiten.

Die Symptomatik der Borderline-Störung

Wahrnehmungsstörung/ verzerrte Wahrnehmung

Die Wahrnehmungsstörung betrifft zwei Bereiche:

- Die Wahrnehmung zum eigenen Ich
- Die Wahrnehmung zur Umwelt

Viele leiden darunter, dass sie Probleme mit der eigenen ICH-Identität haben. Häufig stehen die Fragen im Raum „Wer bin ich?" „Was will ich?" Sie können sich selbst nicht annehmen und akzeptieren. Die Wahrnehmung ist so sehr gestört, dass man das eigene Spiegelbild als fremd betrachtet, als hässlich, obwohl die Umwelt dies mit anderen Augen sieht. Da fällt es auch schwer, Komplimente anzunehmen, weil man es selber einfach nicht glaubt oder auch nicht sehen will oder kann. Hier besteht sogar zusätzlich die Gefahr zur Entwicklung einer weiteren Erkrankung. Eine Frau fühlt sich z. B. immer zu dick, obwohl sie schlank ist. So kann sich zusätzlich zur Borderline - Störung noch eine Anorexia nervosa (Magersucht) entwickeln.

Die Wahrnehmung zur Umwelt ist manches Mal besonders schwer. Wie auch bei der Selbstwahrnehmung, kann bei der Betrachtung des Umfelds die Wahrnehmung gestört, verzerrt oder verschleiert sein. Auch hier spielt die momentane Befindlichkeit eine große Rolle.
Betroffene Borderline-Patienten sind in schwierigen Phasen kaum in der Lage, ihre Wahrnehmung der Situation anzupassen. So kommt es häufig vor, dass z.B. die Betroffenen das Gefühl haben, die Menschen beobachten sie oder sprechen über sie. Man nimmt Gefühle wahr und versucht diese zu deuten, doch meist gehen diese Deutungen weit an der Realität vorbei. Pauschalisieren kann man dies jedoch nicht, denn Borderliner sind ebenso in der Lage, ihre Gefühle vollkommen richtig zu deuten, sie sensibel wahrzunehmen und Situationen richtig einzuschätzen.

Ich stelle fest, dass es sehr schwer ist, genau zu beschreiben und schriftlich festzuhalten, wie sich die Wahrnehmung auswirken kann. Häufig werden die „gestörten" Wahrnehmungen durch die eigenen Unsicherheiten ausgelöst, Ängste und Störungen im Denken und Fühlen, was ja auch Bestandteil der Erkrankung ist.

Ich möchte noch betonen, dass dies kein Zustand ist, der ständig andauert. In stabilen Phasen sind Betroffene durchaus in der Lage, sich als wertvoll zu sehen, sich selbst zu schätzen und das Gefühl zu haben „Ich bin gesund und stark".
Stürzt man jedoch in eine Krise, dann kann es innerhalb von Stunden, ja manchmal sogar Minuten passieren, dass all die positiven und guten Momente plötzlich weg sind und man sich wieder einmal in dieser ausweglosen Situation befindet und glaubt, darin für immer gefangen zu sein. Dieser Kreislauf kann sehr belastend werden und sein.

Extreme Gefühlsschwankungen

Gefühlsschwankungen/Stimmungsschwankungen sind etwas, was bei den Betroffenen einen großen Leidensdruck auslösen können, der bis zu Suizidgedanken führen kann, weil man glaubt, es nicht mehr aushalten zu können. Dies ist ebenfalls bei anderen psychischen Erkrankungen ein Symptom, das z.B. bei Depressionen, bipolarer Störung, Angststörungen, Psychosen oder auch Schizophrenie ausgelöst werden kann.
Jeder Mensch auf dieser Welt kennt Gefühlsschwankungen, ist hin und wieder traurig oder niedergeschlagen. Hier handelt es sich um ganz normale Schwankungen, die Teil unseres Lebens sind.
Bewegen sich diese Schwankungen jedoch nicht im „Norm"-Bereich, sind stark ausgeprägt und werden auch noch zur seelischen Belastung, dann ist es wichtig, professionelle Hilfe in Anspruch zu nehmen.
Kaum jemand, der nicht selbst solchen Schwankungen ausgesetzt ist, kann nachvollziehen, wie sehr die Betroffenen leiden. Häufig

ist nicht mal der Grund dafür bekannt. Stimmungs- und Gefühlsschwankungen können wie eine Achterbahnfahrt verlaufen. Ist man in einer Minute noch hochmotiviert und glücklich, dann kann das in der nächsten Minute schon wieder vorbei sein.

Ich selbst habe im Jahr 2010 die Erfahrung von sehr schweren Schwankungen erleben müssen. Täglich ging es fünf- bis sechsmal Auf und Ab. Das zerrt an den Kräften, sowie seelisch, als auch körperlich. Man ist kaum noch in der Lage, klar zu denken, weil man nur noch damit beschäftigt ist, das Hin und Her zu verkraften und auch zu überstehen. Für mich endete diese schreckliche Zeit, als ich, während eines Klinikaufenthaltes, in einer Chefarzt-Visite, weinend zusammenbrach und immer wieder sagte:

„Ich hab die Schnauze voll,
ich halte das nicht mehr aus,
ich halte das ewige Auf und Ab nicht mehr aus,
ich kann nicht mehr und will nicht mehr."

Das war der Grund für die anwesenden Ärzte, auf den Vorschlag des Chefarztes einzugehen, ein altbewährtes Medikament auszuprobieren. Nach einigen Wochen wurden die Schwankungen wirklich besser. Mit den Nebenwirkungen kam ich gut zurecht und konnte damit leben, denn es war mir wichtiger, nie wieder so etwas erleben zu müssen.

Aber wie schon so oft erwähnt, bei jedem ist es anders, jeder empfindet es anders, und genauso ist es möglich, dass jede Phase/Krise sich unterschiedlich äußert.

Gefühl der inneren Leere

Kann man dieses Gefühl eigentlich beschreiben?
Innere Leere sagt doch schon alles!

Betroffene, die das Gefühl der Leere erleben, nehmen kaum noch etwas an Gefühlen wahr. In ihrem Inneren herrscht in diesem Moment nichts. Die Gefühle sind wie ausgeschaltet, es ist nichts mehr da. Es ist, als ob man wie gelähmt oder ausgeliefert ist. Häufig denkt man in diesen Momenten ans Aufgeben. Alles scheint wertlos zu sein, und nichts ist mehr wichtig. Ebenso scheint es egal zu sein, was aus einem selbst wird.
In der Therapie ist ein großer und wichtiger Schritt, zu lernen, wie man sich aus diesen Situationen selbstständig befreien kann. Sich nicht diesem Gefühl hinzugeben, sondern bewusst den Punkt zu finden, um „STOPP" zu sagen. Zu sagen: „Nein, ich benötige diese Leere nicht, ich stehe auf und gehe weiter in meinem Leben!"

Viele Menschen glauben vielleicht, das ist eine einfache Sache, doch das ist es nicht.
Für Borderline-Betroffene ist dies eine der härtesten Aufgaben und bedeutet Höchstleistung im Umgang mit der Erkrankung.
Aber: Es ist möglich! Es ist zwar ein jahrelanger Prozess, aber es ist zu schaffen!!!!

Hinfallen ist erlaubt, aber wichtig ist anschließend das Wiederaufstehen!

Suizidgedanken und -Handlungen

Natürlich ist es mir nicht möglich, in die Menschen hineinzusehen, jedoch wage ich zu behaupten, dass jeder Betroffene im Laufe seiner Erkrankung mindestens einmal an Selbstmord gedacht hat. Dieses Thema ist besonders heikel, muss aber unbedingt ernst genommen werden. Viele Betroffene sprechen ihre Gedanken nicht aus und können so in einen Teufelskreis zwischen Gedanken und Handlungen kommen. Es ist ein wichtiger und vor allem ein sehr mutiger Schritt, diese Gedanken anzusprechen und sich Hilfe zu holen. Niemand kann einschätzen, wie ernst diese Gedanken sind. Es mag sein, das Suizidäußerungen als Hilfeschrei für den Betroffenen dienen, aber die Gefahr ist ebenfalls sehr groß, dass es auch zu dementsprechenden Handlungen kommen kann.

Für die außenstehenden Menschen ist es sehr wichtig zu wissen, dass solche Aussagen oder auch Suizidandrohungen unbedingt ernst genommen werden müssen. Es ist falsch zu denken, der/die tut das sowieso nicht. Wenn solche Vermutungen auch noch geäußert werden, dann kann das für den Betroffenen die ausweglose Situation noch verstärken. Wichtig ist, die Ruhe zu bewahren, für den Betroffenen da zu sein und ihm Mut zu machen. Besonders wichtig ist es, ihn/sie zu ermutigen, einen Arzt oder eine Klinik aufzusuchen. Sollte der Betroffene dies verweigern, dann sollte man trotz alledem handeln, eventuell auch den Hausarzt anrufen und um Rat fragen. Er wird wissen, was zu tun ist. Diese Entscheidung ist für Angehörige und Freunde immer sehr schwer, aber für den Betroffenen das Beste, auch wenn er/sie das in dem Moment nicht sehen kann.
Ich bin mir jetzt nicht sicher, aber ich glaube sogar, dass es strafbar ist, wenn man Suizidandrohungen nicht meldet.

Das beste Beispiel ist das Internet. Es ist voll mit Foren, Plattformen und sozialen Netzwerken. Viele Menschen schreiben dort über ihre tiefsten innersten Gefühle. In wirklich guten Foren steht es sogar in den AGB`s, dass gebeten wird, von Suizidandrohungen und Ankündigungen Abstand zu nehmen, da es sofort der Polizei gemeldet wird.
Im letzten Jahr hatte ich persönlich die Erfahrung, dass ein damaliger Mitpatient in einem sozialen Netzwerk öffentlich in der Gruppe schrieb, er werde sich das Leben nehmen. Eine andere Mitpatientin reagierte sofort und schaltete die Polizei ein. Diese hat ihn glücklicherweise rechtzeitig gefunden.

Nicht warten - sofort handeln!!

Lieber einmal mehr falscher Alarm, als irgendwann zu spät zu sein. Auch Menschen ohne Erkrankung versuchen sich das Leben zu nehmen. Solche Gedanken entstehen meist durch den unendlich seelischen Schmerz. Man ist nicht mehr in der Lage, mit den Gefühlen umzugehen. Es wird nach Auswegen gesucht. Viele holen sich Hilfe, aber andere geben einfach auf und laufen weg.

Ich habe noch etwas ganz Wichtiges vergessen:
Für alle Angehörigen/Freunde gilt:
Überfordert euch nicht selbst in solchen Situationen. Wenn ihr das Gefühl habt, dass es euch selbst schlecht damit geht und ihr nicht wisst, was zu tun ist oder was richtig ist, dann holt euch Hilfe. Achtet besonders auf euch. Egal wie sehr ihr den Betroffenen liebt, in diesem Moment bist DU wichtig, um auf dich zu achten.

Ich will nun allen Menschen hier sagen:
„Bitte gebt nicht auf! Das Leben hat so viele schöne Seiten, man muss nur genau hinsehen".

Selbstverletzendes Verhalten (SVV)

Das Thema Selbstverletzung ist wohl „das" Symptom, das als Erstes mit der Borderline-Störung in Verbindung gebracht wird.
Es gibt viele Arten der Selbstverletzung. Man unterscheidet auch zwischen der körperlichen und seelischen Selbstverletzung. Ich werde später noch genauer darauf eingehen.
Selbstverletzung verstehen? Ich glaube, Außenstehenden ist dies nicht möglich. Sie fühlen sich hilflos, sie leiden mit den Betroffenen oder aber sie werden wütend, weil sie nicht verstehen können, warum die Betroffenen so etwas tun. Oft können diese es selbst nicht verstehen und nachvollziehen.
Sie brauchen lange Zeit, um zu verstehen, was in ihnen in dem Moment mit und in ihnen vorgeht, warum sie sich verletzen.

Ich habe mit vielen Borderlinern gesprochen, mich ausgetauscht und musste feststellen, dass fast jeder ähnliche Gründe hat, aber die Art und Weise des selbstverletzenden Verhaltens immer anders geartet und auch unterschiedlich ausgeprägt ist. Es gibt Borderliner, die mit SVV keinerlei Erfahrung haben, die es noch nie getan haben, und dann gibt es diejenigen, die es mit Therapie, mit dem eigenen Willen und Stärke geschafft haben, davon loszukommen, jedoch ist die Rückfallquote hoch, wenn es zu erneuten Krisen kommt. Es ist jedoch auch anzumerken, dass selbstverletzendes Verhalten nicht gleich Borderline ist und Borderline ist nicht gleich selbstverletzendes Verhalten. Selbstverletzendes Verhalten kommt häufig auch unter Teenagern vor und zeigt, das bereits in frühen Jahren eine psychische Erkrankung oder eine Störung und Probleme vorliegen. Dies können jedoch nur Ärzte und Therapeuten beurteilen, wann es krankhaft ist und wird.

Häufig bleiben sichtbare Narben z.B. an den Armen, Beinen oder auch am Bauch zurück. Dies bedeutet zusätzliche „Arbeit", um damit fertig zu werden. Man schämt sich sehr dafür. Viele fragen sich vielleicht jetzt: „Warum machen sie es dann überhaupt"? Wenn man darüber nachdenkt, dann ist es auch eine berechtigte Frage.

Gründe:

- SVV ist eine Möglichkeit für Betroffene, mit schmerzhaften Gefühlen und Situationen umzugehen, sie werden für den Moment als weniger schmerzhaft empfunden.
- Betroffene berichten, dass sie dadurch wieder spüren, dass sie am Leben sind.
- Es dient der Ablenkung
- Selbstbestrafung („Ich hab es nicht anders verdient, ich bin eh nichts wert", Schuldgefühle)
- Ebenso kommt es vor, dass Betroffene dadurch Aufmerksamkeit auf sich lenken wollen

- Es kann ein Hilfeschrei sein („Bitte helft mir, ich kann nicht mehr“, „Ich schaff das alleine nicht mehr“, „Ich bin überfordert“)
- Ganz häufig vermittelt es ein Gefühl der Erleichterung, da der körperliche Schmerz in dem Moment von den psychischen Problemen ablenkt.

Auch wenn Betroffene dies als positiv ansehen, müssen sie unbedingt lernen, dass es der falsche Weg ist, um mit seinen Problemen und Gefühlen umzugehen. Es bedarf sehr viel therapeutischer Arbeit, um die „erlernte“ Sichtweise umzuwandeln. Auch wenn man dies irgendwann schafft, heißt dies nicht unbedingt, dass man nicht mehr rückfällig wird und diese Verhaltensweise nicht mehr gelebt wird.
SVV kann sich auch zu SUCHTVERHALTEN entwickeln. Wie bei Alkohol- oder Drogenkonsum braucht man professionelle Hilfe und Unterstützung.

Ich versuche mal, zu beschreiben, wie SVV beginnen kann und verläuft.
In meinem Fall begann es schon sehr früh, im Alter von 13-14 Jahren. Auslöser dafür waren Missbrauch und Misshandlung. Wie soll ein Kind mit solchen Erfahrungen umgehen? Ich weiß nicht, wie ein Kind überhaupt darauf kommt, so etwas zu tun. Es fühlte sich normal für mich an, mir Schnittwunden an den Fingern zuzufügen, zu versuchen, mir das Handgelenk zu brechen, mir ins Gesicht zu schlagen oder extrem Fingernägel und Nagelhaut zu beißen. Ich stellte mir eigentlich nie die Frage: „Warum?“ Es war einfach so. Es gab für mich keinen Grund, aber es war so!
Heute, über 25 Jahre später, weiß ich, warum ich das getan habe. Ich habe mir als Kind wehgetan, damit jemand sieht was „er“ mit mir tut. Sprechen konnte ich nicht, weil mein Unterbewusstsein bereits damals alles verdrängte. Geholfen hat mir diese Verhaltensweise jedoch nicht, denn niemand hat es wahrgenommen oder sehen wol-

len.
Von da an wurde alles, was passierte, verdrängt und für die kommenden Lebensjahre ausgeblendet, als sei nie etwas geschehen. Es gab auch keine Selbstverletzungen mehr.

Erst als im Jahre 2006 die Erinnerungen nach und nach zurückkamen, mein Unterbewusstsein anfing, die schlimmen Dinge frei zu geben, kam auch das SVV wieder in mein Leben zurück.
2009 war die extremste Zeit mit schlimmen Verletzungen. Durch die Selbstverletzungen habe ich natürlich auch viele Narben an den Armen. Lange Zeit habe ich mich dafür geschämt und meine Arme versteckt. Doch mittlerweile habe ich es geschafft, mein Selbstbewusstsein soweit zu stärken, dass ich endlich auch wieder T-Shirts trage. Denn ich schäme mich nicht mehr für meine Narben, sie sind ein Teil von mir und meiner Geschichte.

Einige Beispiele für körperliches SVV

- Ritzen/schneiden
- Brandwunden zufügen
- Heilungsprozess der Haut verzögern, Wunden immer wieder aufkratzen (eine kleine Wunde kann Monate brauchen, um zu heilen)
- Den Kopf gegen die Wand schlagen
- Mit der Faust gegen Wände, Bäume oder Gegenstände schlagen
- Fressattacken
- Extremes Fingernägel- und Nagelhautbeißen
- Haare ausreißen
- Manche Therapeuten sprechen sogar bei Piercing und Tattoos von Selbstverletzung (ist jedoch sehr umstritten)

Einige Beispiele für seelisches SVV

- Sich bewusst in negative Gedanken hineindenken (Es darf mir nicht gut gehen)
- Sich immer wieder in Situationen bringen, die eine negative Aufmerksamkeit bringen, wie z.B. Diebstahl, andere Menschen verärgern oder enttäuschen
- Wichtige erlernte Dinge der Therapie nicht umsetzen, weil man unbewusst Angst hat, dass es einem dann besser gehen könnte (das Gefühl des „Schlechtgehens" ist vertrauter als positive Gefühle)
- JA sagen, obwohl man NEIN meint
- Absichtlich Fotos ansehen, Briefe lesen usw., die an ein Trauma erinnern, obwohl man dabei merkt, dass es einem schadet und es einem total schlecht dabei geht.

All diese Dinge geschehen im Unterbewusstsein des Betroffenen und werden sicher nicht mit Absicht so umgesetzt. Es ist für die Betroffenen einfach sehr schwer und belastend, wenn man genau erkennt, dass man diese Verhaltensweisen anwendet, zu wissen, sie bringen nichts, zu wissen, es passiert einfach, aber man kann es einfach nicht ändern. Wenn dieses Bewusstsein erst einmal vorhanden ist, dann ist ein wichtiger großer Schritt erreicht.
Zeit und Geduld ist die Devise.
ES WIRD SICH LOHNEN!!!!

Der wichtigste Teil in der therapeutischen Arbeit mit Borderline-Patienten ist wohl die gemeinsame Erarbeitung einer Skill-Liste.
SKILLS sind „Werkzeuge", Dinge, Handlungen und Übungen, die dem Betroffenen in einer Krise, bei innerer Unruhe oder Schneidedruck helfen sollen, sich zu beruhigen und zu entspannen, „runter" zu kommen. Jeder muss die für ihn wichtigsten Skills finden und am besten schriftlich festhalten.
Hierzu gehört auch die DBT (Dialektisch Behaviorale Therapie

nach Marsha M. Linehan).
Die DBT ist ein wichtiges Standbein in der Therapie für Borderline Patienten. Hier steht die Selbsthilfe im Vordergrund. Die Betroffenen müssen lernen, mit der Erkrankung umzugehen. Hierzu gehört, sich „Werkzeuge“, sogenannte Skills, anzueignen, um die eigenen Gefühle zu kontrollieren, Selbstverletzungen abzuwenden und somit ein Leben frei von seelischem Schmerz zu führen. Besonders wichtig für die Umsetzung der DBT, bzw. der anzuwendenden Skills, ist die Eigenreflexion, die Selbsterkenntnis über eigenes „Fehlverhalten“ und die Fähigkeit, Erlerntes umzusetzen.

Während meiner Aufenthalte in der Akutklinik, meiner Reha-Aufenthalte und auch in der ambulanten Therapie spielte die DBT eine große Rolle. Dadurch konnten Symptome der Borderline-Störung abgeschwächt werden, und ich habe gelernt, achtsam mit mir und meiner Umwelt umzugehen. Ich habe gelernt, meine Gefühle wahrzunehmen, sie anzunehmen, sie zu akzeptieren und nicht weiter gegen sie anzukämpfen.

Jeder Betroffene, der mit der DBT arbeitet, sollte sich seine eigene Skill-Sammlung erstellen und herausfinden, welche Skills in den verschiedenen Akutphasen und Situationen zu einer Erleichterung führen.

Beispiele für Skills bei einem Stimmungstief

- Fotografieren
- Spaziergang
- Autogenes Training
- Qi Gong
- Progressive Muskelentspannung nach Jacobsen
- Imaginationsübungen
- Joggen/Walken
- Entspannungsbad

- Musik hören
- Malen
- Tagebuch schreiben
- Im Garten arbeiten
- Lesen
- Freunde treffen
- Affirmationen benutzen (positive Sätze)
- Atemübungen
- Brief an sich selbst schreiben
- Brief an das innere Kind schreiben
- Kochen/backen
- An schöne Erlebnisse denken
- Duschen gehen, sich hübsch machen/schminken
- Puzzle

Beispiele für Skills bei selbstverletzendem Verhalten

- Gummiband am Handgelenk schnippen lassen
- In scharfe Chili-Schoten beißen
- scharfe Bonbons lutschen
- Ablenkung durch Aktivität
- Chilli-Weingummis kauen
- Schreien
- Auf ein Kissen schlagen
- Atemübungen durchführen
- Igelball auf der Haut rollen
- Ammoniak- Ampullen riechen (gibt's in der Apotheke)
- Kalte Dusche
- Sudokus ausfüllen
- Verhaltensanalyse schreiben oder ausfüllen (Vordrucke findet man im Internet)
- Ablenkung durch lesen, spielen, schreiben
- In akuten, gefährlichen Situationen dringend Hilfe holen

Je mehr man von diesen Skills hat, umso besser ist es. Jeder hat seine ganz persönliche Liste. Wichtig finde ich, dass man es schriftlich festhält, denn oftmals denkt man im Notfall nicht daran. Man muss sich zwingen, sich daran zu erinnern. Geht es jemandem schlecht, sollte er sich gerade in diesen Momenten diese schriftliche Liste zur Hand nehmen und überlegen, was ihm jetzt gerade, in diesem Moment, hilft, was er tun kann.

Als ich 2010 in der Klinik war, sagte mir mein Bezugspfleger einen wichtigen Satz:
„In guten Zeiten für die schlechten Zeiten vorsorgen."

Dieser Satz wird mir ewig in Erinnerung bleiben, und genau das ist es, was ich regelmäßig tue. In guten Zeiten fällt es sehr leicht , sich mit den Skills zu beschäftigen und damit zu arbeiten. Es ist das Wichtigste überhaupt, Selbsthilfe-Methoden zu erlernen und auch zu lernen, diese umzusetzen und täglich damit auch aktiv zu arbeiten!!!!

Im Leben eines Borderliner gibt es immer wieder Phasen, in denen es dem Betroffenen schwerfällt, erlernte Skills umzusetzen, weil man so mit seinen Gefühlen beschäftigt ist, dass es schwerfällt, aus dem Teufelskreis zu entfliehen. Die Gefühlsspirale dreht sich unaufhörlich. Man neigt zum Grübeln und schafft es einfach nicht, wieder auf die Beine zu kommen.

Ich persönlich habe mir für diese Fälle etwas Besonderes einfallen lassen. Auch wenn ich es vielleicht nicht geschafft habe, mich aus negativen und schlechten Phasen zu befreien , so konnte ich immer noch lesen. So habe ich mir meine eigene Sammlung schöner Geschichten, Texte oder Zitate erstellt. Wenn ich nun in den Gedanken feststecke, mich darüber ärgere oder traurig bin, weil ich mich immer noch in dieser Situation befinde, dann nehme ich meine Sammlung und beginne damit, darin zu schmökern. Dadurch wird das Gehirn unbewusst zum Positiven hin „manipuliert“!!

Natürlich klappt das nicht immer, aber es ist zumindest einen Versuch wert, und häufig klappt es, wenn ich rechtzeitig für mich sage: **„Stop - jetzt muss ich was tun!!“**

JEDER Betroffene muss wissen:

Nur ich selbst kann mich aus dem Teufelskreis befreien,
nur ich selbst kann mir „mein Leben“ zurückholen.
Ich kann mir zwar Hilfe holen von Ärzten, Therapeuten, Angehörigen oder Medikamente nehmen, aber ich muss mir bewusst machen, dass all dies nur Hilfestellungen, Stützen sind, Hände, nach denen ich greifen kann und die mich in die richtige Richtung führen können.

Ehe man am Ziel ankommt, muss man viel Leid ertragen, einiges meistern, oft auch auf die „Schnauze“ fallen, Tritte in den Hintern bekommen und erfahren, dass es nichts zu befürchten gibt, aber dass ich mich auch sicher fühlen kann, und dass es Menschen gibt, die mich lieben.

„Gesund“ zu werden, ist echt ein hartes Stück Arbeit,
ABER
„Ich gebe nicht auf,“
denn ich bin mehr,
viel mehr, als diese Krankheit.
Ich bin ich, und ich bin ein Mensch,
der wertvoll ist.

>>Gedanken einer Borderlinerin<<
Gedanken von mir!!

Borderline ist wie ein tobender Hurrikan
auf dem offenen Meer.
Gibst du nicht Acht,
dann gehst du darin verloren.

*

Borderline gleicht einer Welle im Meer,
manchmal voller Zorn und zerstörerischer Kraft
und im nächsten Moment sanft und wehmütig.

*

BORDERLINE
Ist schwarz und weiß
Wo ist das Grau- wer weiß?

*

Verlor‘n im Sumpf der schwarzen Welt
errichte ich eine Mauer ohne Geld.
Stell mich auf eine Leiter mit viel Stufen,
an der klett‘re ich schnell nach oben.
Steh nun oben auf der Mauer,
die Entscheidung ist mir nicht geheuer.
Schau hinter mir die schwarze Welt,
wo herrscht die Trauer und der Schmerz.
Gedanken trüb und null Gefühle
hab ich genug, drum will ich diese.

Ich dreh mich um auf dieser Mauer
und kann kaum glauben diesen Schauer.
Die weiße Welt, sie lacht mich an
mit all der Pracht von Farben satt.
Das Licht so hell, der Himmel strahlt.
Ich blicke still, mein Lächeln zart.
Ich fühle Frieden, steige hinab,
zur weißen Welt und das im Trab.

Nun spür ich Leben, Freude, Liebe,
Hoffnung, Mut und ganz viel Gefühle.
Genieß die Zeit,
die mir hier bleibt.

Doch hör ich plötzlich dieses Rufen,
so kalt und finster,
das ist bitter.
Die schwarze Welt ist wieder da
und sagt mir klar und deutlich hier,
was ich brauch ist schwarz und finster.
So geh ich traurig über diese Mauer
und bleib nun ständig auf der Lauer.

Trotz alledem, ich geb nicht auf in meinem Leben,
denn schwarz und weiß wird's immer geben.
Eines Tages, wird es bunt und voller Farben,
und ich bekomm nun endlich meine Gaben.

Ich werde fühlen diesen warmen Schein,
denn genau so soll es sein.

Ich hab verdient das Glück des Lebens
und muss jetzt nicht mehr warten vergebens.

Ich danke Dir.
Ich danke euch.
Ich danke mir.

Und lebe nun mein Leben,
als hätt‘s da nie was and‘res gegeben!

© Franziska Neidt, 11.Juli 2011

Das Gedicht ist eine Momentaufnahme und zeigt ein wenig den Wechsel der Gefühle einer Borderline-Persönlichkeit.

Borderline und Kreativität

Als ich im Jahre 2009 die Diagnose emotional instabile Persönlichkeitsstörung / Borderline Typ bekam, war es mir nur schwer möglich, für mich geeignete Ablenkungsmöglichkeiten zu finden, da ich viel zu sehr in meinem seelischen Schmerz gefangen war.
Kreativität war für mich eigentlich nichts Neues. Mein Leben war immer wieder geprägt von ideenreichen Phasen. Bereits als Kind malte und bastelte ich gerne und empfand Kreativität als etwas sehr Schönes, jedoch im Laufe der Jahre ging mir meine „Begabung“ irgendwie verloren.
Erst mit Beginn meiner psychischen Erkrankung kehrte sie in mein Leben zurück. Als Ablenkungsstrategie gegen depressive Verstimmungen, gegen Selbstverletzung und den großen Kummer, der daraus entstand, griff ich erstmals wieder zu meinen Stiften und begann damit, ein blödsinniges Bild zu malen, das aus vielen kleinen Kreisen bestand. Schnell erkannte ich, dass alleine das TUN etwas Großes bewirkte. Meine Gedanken und Gefühle besserten sich im Moment des Malens. Ich spürte, der Schmerz ließ nach und meine Konzentration war ganz alleine bei meiner Beschäftigung.

Da ich zu dieser Zeit in der Klinik war, hatte ich die Möglichkeit auszuprobieren, was mir gut tat. Meine Bezugspflegerin forderte mich immer wieder dazu auf, auf meine Kreativität zurückzugreifen, denn der Druck nach selbstverletzendem Verhalten war zu dieser Zeit sehr groß.

So kam ich endlich wieder zurück zu meiner Kreativität. Ich kaufte mir Bücher, packte meine Pastellkreiden aus, kaufte mir meine ersten beiden Leinwände und legte einfach los. Die Ergebnisse waren für mich so überwältigend, dass ich kaum glauben konnte, dass ich das gemalt hatte.

Meine angeschlagene Psyche profitierte sehr von meiner kreativen Aktivität. Ich spürte, dass ich für mich etwas Gutes tun konnte, jedoch war dies nur ein Anfang, und nach meiner Entlassung aus der Klinik machte ich damit nicht weiter. Erst während eines 22-wöchigen Aufenthaltes im Jahre 2010 überkam mich diese kreative Phase erneut. Ich malte und malte und konnte kaum noch aufhören.

Erst zu diesem Zeitpunkt erkannte ich, was man bei einer psychischen Erkrankung wie Borderline durch Kreativität erreichen kann. Nach meiner Entlassung aus der Klinik entschied ich mich, das Malen in mein Leben fest zu integrieren. Aber nicht nur das Malen, sondern auch das kreative Schreiben wurde zu einem festen Bestandteil.

Im Jahre 2012 wurde dann einer meiner größten Träume erfüllt, bzw. sogar mehrere.

Drei meiner selbst verfassten Gedichte wurden in einem Buch, einer Anthologie, veröffentlicht. Ich malte vier Bilder für eine Gemeinschaftsaustellung von Frauen, die sexuelle Gewalt erfahren hatten, und Ende des Jahres 2012 wurde dann noch meine Lebensgeschichte ebenfalls in einer Anthologie veröffentlicht.

Mir wurde in gewisser Weise bewusst, dass ich vieles unternehmen konnte, um aus dem seelischen Tief zu gelangen. Natürlich klappte das nicht immer, aber dennoch spürte ich, dass ich durch die Kreativität vieles loslassen konnte.

Durch die Borderline Störung war ich so lange Zeit eingeschränkt

in meinem Denken und Handeln. Den Teufelskreis aus Schwarz-Weiß-Denken und den Drang nach Selbstverletzung konnte ich immer öfter durch das Malen und Schreiben unterbrechen. Dieses Gefühl tat sehr gut und machte mich in gewisser Weise immer wieder sehr glücklich.
2013 erreichte ich dann das fast Unmögliche. Ich organisierte meine erste große, eigene Vernissage mit 14 Bildern, die zum Teil mein Gefühlsleben als Borderlinerin und die Kreativität, die ich mir im Laufe der letzten Jahre wieder erarbeitet hatte, spiegelten. Ein großer Schritt für mein angeknackstes Selbstbewusstsein.
Heute ist die Kreativität eine meiner wichtigsten Skills, und es gelingt mir immer öfter, diese auch in schweren Phasen der Erkrankung einzusetzen. Irgendwie macht es mich sogar stolz, und ich spüre, dass ich der Erkrankung nicht mehr hilflos ausgeliefert bin.

Kreativität ist ein breit gefächertes Gebiet. Jeder Mensch trägt Kreativität in sich. Kreativität bedeutet auch immer wieder ein Stück Abwechslung, deshalb ist es auch so wichtig, die für sich richtigen Ablenkungsmöglichkeiten zu finden.

Träume sind Fantasien,
schwebende Erinnerungen
Träume sind geheimnisvolle Botschaften
der Seele, gefühlvolle Gedanken,
Augenblicke die da waren
mystisch und rätselhaft zugleich.

hinter jedem Leben
verbirgt sich eine kleine
Mauer des Schweigens
Hinter jeder Mauer des Schweigens
verbirgt sich ein großes Leben

Bilder deines Lebens

Tage wie diese, sind Tage in deinem Leben,
wo die Hoffnung wiederkehrt,
wo Stärke und Kraft Besitz von dir nehmen.
Tage wie diese, sind Tage in deinem Leben,
wo deine Seele nicht länger leiden will.

Der Tag ist trüb, jedoch spürst du in dir diese Wärme.
Du läufst und läufst, dein Atem wird schneller,
und du nimmst die Bilder in deinem Kopf wahr.
Die Bilder deines Lebens.
Du setzt dich nieder, die Musik klingt in deinen Ohren.
Die Tasten des Klaviers helfen dir bei deiner Zeitreise
durch dein Leben.
Dein Blick ist auf das stille Wasser vor dir gerichtet,
Nebel liegt über der Oberfläche,
die Bäume spiegeln sich darin,
und du erkennst in den Tiefen des Gewässers diese Bilder -
die Bilder deines Lebens.

Du nimmst die Bilder an und erkennst die damit verbundenen Gefühle.

Du siehst ein Baby, das du selbst bist,
geboren, um Liebe zu empfangen.
Du siehst ein 4-jähriges Mädchen, das du selbst bist,
es trägt dieses lila T-Shirt und lächelt beim Spielen.
Plötzlich Tränen und dieser Schmerz im Gesicht.
Du siehst ein 9-jähriges Mädchen, das du selbst bist,
siehst die Freude und Sicherheit, wenn es bei Freundinnen ist.
Siehst aber auch das ängstliche Gesicht, die Traurigkeit, den unerträglichen
Schmerz, den es erleidet.

Du siehst ein 13-jähriges Mädchen, das du selbst bist,

das traurig im Hauseingang des Kinderheimes steht und Geborgenheit und Sicherheit vermisst. Der seelische Schmerz ist unerträglich in diesem Moment. Du kannst kein einziges positives Bild dieser Zeit im Wasser erblicken.
Die kleine Seele ist zerstört zu dieser Zeit.
Die kleine Seele verdrängt, um zu überleben.
Ich spüre es, das ist die Zeit der Zerstörung.
Du siehst ein 15- jähriges Mädchen, das du selbst bist.
Erlebst zum ersten Mal wahre Freundschaft und Verliebtsein,
aber die zerstörte Kinderseele ist zu schwach.
Im Wasser spiegelt sich nun eine 18-jährige Frau,
die noch immer diese verletzte Seele in sich trägt,
aber es selbst nicht weiß.

Liebe beginnt, Lernen beginnt,
Freundschaft beginnt, Geborgenheit beginnt,
Vertrauen beginnt,
die Vergangenheit scheint vergessen.

Du siehst eine 26-jährige Frau, die du selbst bist.
Glücklich mit einer Familie, mit wundervollen Menschen.
Das Lachen, das Glück, das Leben ist perfekt.

Du siehst auf das stille Wasser,
erkennst die leichten Wellen, die aufsteigen,
erkennst den wieder ausgelösten Schmerz,
die zerstörte Kinderseele ist zurück.

Du siehst eine 33-jährige Frau, die versucht,
ihre zerstörte Kinderseele zu heilen.
Siehst die Menschen an ihrer Seite, die alles tun
, um dieses Ziel zu erreichen.

Du schließt die Augen,
hörst nur die Tasten und die Melodie des Klaviers,

nimmst die Gefühle wahr,
- Gefühle der Hoffnung
- Gefühle von Freude
- Gefühle von Stolz.
Ich LEBE!!!
Das NEUE „ Buch meines Lebens" entsteht JETZT!
IN DIESEM MOMENT!!!!

Borderline und die Angst vor dem Verlassenwerden

Die Thematik Verlustangst oder „Verlassenwerden" ist bei der Borderline Erkrankung ein sehr schmerzhaftes Thema. Viele Menschen, die an dieser Erkrankung leiden, kämpfen täglich mit Gedanken und Gefühlen der Verlustangst. Häufig spielt hier die eigene verzerrte Wahrnehmung eine große Rolle. Für Außenstehende sind es oft „Kleinigkeiten", die diese Ängste bei den betroffenen Menschen auslösen.

Als ich meine Borderline-Diagnose bekam, kämpfte ich jahrelang akut mit dieser Symptomatik. In meiner Vergangenheit war ich immer mit dem Verlassenwerden konfrontiert. Ich wurde bereits als Kind allein gelassen und es stand an der Tagesordnung, dass ich verlassen wurde, gerade dann, wenn ich die Menschen am meisten brauchte. Verständlicherweise lernt man gerade als Kind, damit zu leben und übernimmt diese Angst unbewusst mit ins Erwachsenenalter.

Jede Auseinandersetzung, jede mir entgegengebrachte Kritik, Streitgespräche und Disharmonien mit geliebten Menschen endeten darin, dass ich große Angst hatte, diese Menschen zu verlieren. Ich begann zu weinen, und meine Gefühle waren nicht mehr zu kont-

rollieren. Ängste, Traurigkeit, Hoffnungslosigkeit und auch Wut ließen mich in diesen Situationen regelmäßig zusammenbrechen. Diese Angst, dass mich der Partner oder dieser Mensch verlässt, fühlte sich so real an. Solche Situationen waren immer gepaart mit großen Schuldgefühlen. So war ich in meinen Augen schuld daran, dass der Partner, die Freundin oder der andere Gesprächspartner „böse“ auf mich war. Ich hatte etwas Falsches getan, etwas Falsches gesagt oder mich falsch verhalten. So waren meine Gedanken.
Heute weiß ich allerdings, dass diese Dinge nur in meinem Kopf entstanden sind. Meine eigene Wahrnehmung spielte mir Streiche, was durch die Borderline-Störung verursacht wurde. Erst durch eine jahrelange Therapie war es mir möglich, dies bewusst wahrzunehmen. Ich lernte mit den aufkommenden Gefühlen situationsgerecht umzugehen und mein Verhalten der Situation anzupassen. Nahm ich wahr, dass sich gerade diese Gefühle des Verlassenwerdens einstellten, redete ich mir bewusst ein: „Alles nur in meinem Kopf“. Dies half mir, dass ich dem Gefühl nicht ausgeliefert war.
Heute schaffe ich es manches Mal sogar, über mich selbst zu lachen, wenn diese Gefühle in mir aufflammen. Als gerade diese Verhaltensänderung bei mir eintrat, schrieb ich folgendes Gedicht:

Alles nur in meinem Kopf!

Oft in meinem Leben
kann ich in Sekunden Schlösser bauen,
errichte Mauern zum Schutz
und gebe meinen Gedanken Raum zum Reifen.

Gedanken, die mir Freude bereiten,
aber auch Gedanken, die mir meine Freiheit rauben.
Dann spüre ich und merke ich,
es ist alles nur in meinem Kopf!

Gedanken kommen und Gedanken gehen,
alles nur in meinem Kopf.
Ängste kommen und Ängste gehen,
alles nur in meinem Kopf.
Spüre die Kraft der Gedanken,
die meine Gefühle außer Kontrolle bringen,
die an meinem Körper zerren,
als wäre er ein kleines Etwas!!!
Dann merke ich wie immer,
es ist alles nur in meinem Kopf.

Nur in meinem Kopf
erlebe ich Zweifel, aber auch Mut.
Nur in meinem Kopf
wird auch Angst ein Stück Hoffnung.
Nur in meinem Kopf
erleben Gedanken einen Durchbruch.
Ich sehe die Welt durch meine Augen,
ich spür die Welt durch meine Gefühle,
und alles ist nur in meinem Kopf.

Ich sehe meine Welt positiv,
Zeit ist unendlich,
Gedanken fliegen vorbei,
Ich bin Ich,
denn alles ist nur in meinem Kopf.
Nur in meinem Kopf!!!!

© Franziska Neidt, 25. August 2013

Dieses Gedicht ist heute ein fester Bestandteil in meinem Leben, denn es zeigt mir, dass viele Dinge nur in meinem Kopf geschehen. Einige Symptome der Betroffenen laufen häufig im Gedanken ab. Ich weiß, dieser Satz kann sehr provokant sein, jedoch ist dies meine persönliche Erfahrung. Meist geschieht dies vollkommen unbewusst, weil wir es jahrelang nicht anders lernten und weil wir es genauso in unserer Vergangenheit vermittelt bekommen haben.

Die Gefühle bei der Borderline-Störung sind häufig sehr ambivalent. So auch bei der Verlustangst.
Auf der einen Seite haben wir so große Angst, verlassen zu werden und tun alles dafür, dass dies nicht geschieht. Auf der anderen Seite können wir verbal aggressiv werden, ungerecht zum Partner, können Gefühle wie Wut, Zorn und Ärger nicht unterdrücken und hoffen dennoch, dass wir nicht verlassen werden. Hier ein Motto, das häufig in Bezug auf Borderline verwendet wird:
„Ich hasse dich, verlass mich nicht!!“

Diese Ambivalenz, die sogenannten Gegensätze, finden wir immer wieder in verschiedenen Bereichen der Borderline-Störung. So sprechen wir Borderliner auch oft vom Schwarz-Weiß-Denken. Gerade in meiner Akutphase war dieses Schwarz-Weiß-Denken sehr präsent. Da waren Situationen dann entweder so oder so. Eine Alternative schien es kaum zu geben. Erst viele Jahre später erkannte ich, dass dazwischen ein bunter Regenbogen sein kann, aber diesen zu finden, erfordert viel Geduld, eine Menge Mut und viel Stärke. Jeder Mensch trägt diese Eigenschaften in sich. Wir müssen sie nur finden und wahrnehmen.

Wenn es in meiner Seele dunkel ist,
dann male ich mir eine Sonne an den Himmel
und einen Regenbogen,
der meine Gefühle wieder erhellt.

Borderline und Nähe/Distanz

In gesunden Partnerschaften herrscht häufig ein ausgewogenes Nähe/ Distanz-Verhältnis. Anders in Beziehungen, in denen ein Partner an der Borderline-Störung erkrankt ist.
Durch meine eigenen Erfahrungen, den Umgang mit Borderline in meiner Arbeit und durch das Kennenlernen vieler Menschen mit dieser Erkrankung, kann ich doch ein wenig darüber berichten, was Nähe und Distanz betrifft.
Mir fällt es meist am leichtesten, wenn ich von meinen eigenen Erfahrungen berichten kann.
Das Thema Nähe ist ein großer Punkt bei der Borderline-Störung. Häufig wünschte ich mir nichts sehnlicher als Nähe zum eigenen Partner, sehnte mich nach Liebe und Zuneigung. Kam mir mein Partner dann jedoch zu nahe, wurde es mir schnell zu viel, und ich ging automatisch und unbewusst auf Distanz. Eigentlich konnte er es mir in dieser Beziehung nie wirklich recht machen. Eine gewisse Nähe bedeutete immer auch eine gewisse Angst und Schmerz. Verursacht wurde dies sehr wahrscheinlich durch meine Vergangenheit, wo die Grenzen der Nähe durchbrochen worden waren. Mit Gewalt wurde Nähe erzwungen, und heute heißt es, genau diesen Teufelskreis von alten Mustern zu durchbrechen.

Nähe sollte in einer Partnerschaft etwas Schönes sein. In meiner Partnerschaft ging ich häufig auf große Distanz, wenn es um Gefühle ging. Alleine das Sprechen über Gefühle löste unweigerlich Distanzverhalten bei mir aus. Je mehr mein Partner versuchte, gefühlsmäßig an mich heranzukommen, desto mehr Distanz baute ich auf. Ich war dann nicht mehr in der Lage, Gefühle zu zeigen, konnte kaum noch sprechen und mich bewegen, war angespannt und führte diesen innerlichen Kampf, der in diesen Momenten auch viel zerstören konnte, da mein Partner damit nur schwer umgehen konnte. Es ist fast unmöglich zu beschreiben, was diese Gefühle wirklich auslösen können. Aber jede dieser Situationen war für mich ein

Lernprozess. Häufig war ich in diesen Situationen selbst von meinem Verhalten geschockt und kämpfte immer wieder dagegen an. Meine Therapeutin sagte immer zu mir: „Frau Neidt, Sie haben es geschafft und überlebt, seien sie stolz auf sich.“
In einer Borderline- Beziehung leidet nicht nur der Betroffene, sondern auch der Partner. Es kann häufig zu einer großen Zerreißprobe werden. Der Partner wird mit selbstverletzendem Verhalten, Wutausbrüchen, Aggressivität, Depressionen und Gefühlsausbrüchen des Betroffenen konfrontiert. Er/Sie muss einen Weg für sich finden, um mit solchen Verhaltensweisen des betroffenen Partners umzugehen. Oftmals führen auch gerade solche Verhaltensweisen zu Trennungen in Partnerschaften. Aber ich kann auch bestätigen, dass es einen gemeinsamen Weg geben kann. Wenn man gemeinsam kämpft, ist eine Zukunft in der Partnerschaft möglich.

Krieg der Gefühle

Ich stehe am Rande des Abgrunds.
Meine Augen fixieren den Punkt in der Tiefe.
Ich stehe gerade mit erhobenem Kopf.
Die Stärke hat gesiegt, meine Stärke.
Ich schließe die Augen,
erhebe die Arme zum Himmel
und fühle die Freiheit in mir.
Ich atme und spüre den Frieden in mir.

Den Frieden in meinem Herzen.

Ich hole mir die Kraft des Himmels.
Meine Gefühle führten Krieg,
es war ein Schlachtfeld der Gefühle.
Die Gedanken, der Verstand, der Körper, die Seele
haben sich immer wieder verletzt und bekämpft.

Es ist vorbei!
Mein Krieg ist vorbei!
Die Bilder ziehen vorbei.
Der innere Friede breitet sich aus.
Ich sehe auf das Schlechtfeld meiner Gefühle

und frage mich: WARUM?
Aber die Antwort ist nicht mehr wichtig.

Es ist vorbei!
Mein Krieg ist vorbei!
Ich öffne die Augen,
der Abgrund vor mir,
meine Seele schreit auf,
ich übergebe meine Vergangenheit dem Abgrund.
Alles ist vorbei,
ich bin frei,
der Friede kehrt ein,
ich habe gesiegt.

Der innere Krieg ist vorbei!

Flügelschlag

Die Zeit vergeht
in großen Schritten,
vorbei die Zeit des unerträglichen Leides,
vorbei die Zeit der Tränen.
Ein großer Schritt in Richtung Heilung,
ein großer Schritt zur Liebe und Vergebung.

Ich beginne mich zu akzeptieren,
verstärke meine positiven Seiten.

Ich beginne ein neues Leben
und erfahre dabei Freundschaft,
Zusammenhalt und bedingungslose Liebe.

Von Tag zu Tag geht es mir in jeder Hinsicht
immer besser und besser.
Ich fühle mich wohler und wohler
und das bei vollem Bewusstsein.
Ich erfreue mich daran
und genieße die Gefühle
der Wärme und Geborgenheit.
Ich blicke dabei in die Sterne, sehe sie funkeln in dunkler Nacht,
meine tiefen Gefühle sprechen zu mir,
„Blick nach oben“, „Kannst du ihn sehen?“
„Siehst du den Flügelschlag deines Engels?“
Noch seh ich ihn nicht,
aber ich fühle eine Wärme,
ich fühle mich sicher und so wundervoll geborgen.

Nur schlecht kann ich es beschreiben.
Da blick ich nach oben in die dunkle Nacht.
Da seh ich ihn,
den Flügelschlag meines Engels.
So wundervoll, so sanft und in Farben, die ich nie sah.

Genau in diesem Moment fühle und erkenne ich
meine Kraft, meine Stärke, gabst mir „du“, mein Engel.

Ich habe überlebt all die Schmerzen,
all die Demütigungen
und all die Trauer aufgrund Missbrauch und Misshandlung.

Du warst bei mir und gabst mir
Kraft zum Überleben dieser Hölle.
In diesem Moment als ich dich sah,
als ich deinen Flügelschlag erblickte, wusste ich es!

Du schicktest mir einen Menschen,
der mein Leben verändern sollte.
Der mich hält, der mich akzeptiert,
der mich liebt so wie ich bin.
Durch einen unerklärlichen Weg, der kaum Sinn machte,
verlor ich beinahe alles, was ich liebte.
Aber ich erfuhr bedingungslose Liebe,
aufopfernde Liebe eines Menschen,
der sich fast selbst aufgab um mich zu retten
und zu lieben.

Du schicktest mir einen Engel in Menschengestalt.
Er gab mir meinen Mut zurück,
gab mir all das, was ich nie hatte,
ertrug entsetzliches Leid.

Ich danke dir mein Engel,
mit deinem Flügelschlag
der Liebe und Kraft
hast du ihn mir geschickt.
Ich danke in vollem Vertrauen.

Jeden Tag spüre ich nun,
dass du bei mir bist,
dass du mich stärkst,
mir Kraft gibst, um zu leben,
Kraft, um die bedingungslose Liebe zu empfangen
und zu geben.

Ich schaue nach vorne in
die Zukunft und schau in das Glück.
Schau zurück auf Vergangenes
und spüre, wie du mich beschützt,
wie dein Flügelschlag alles Belastende von mir nimmt.

Dein Flügelschlag, der Flügelschlag meines Engels.
DANKE!!!

Borderline und Sexualität

Sexualität ist ein sehr heikles Thema, das mit großer Scham besetzt ist bei Menschen mit Missbrauchserfahrungen. Es wird nur wenig darüber gesprochen, da es den Betroffenen schwerfällt, darüber zu sprechen Dabei ist es ein sehr wichtiges Thema, das viele Borderliner betrifft. Auch hier gibt es sehr viele Unterschiede und nicht jeder Betroffene hat dieselben Probleme. Die einen leben ihre Sexualität aus, manchmal auch mit wechselnden Partnern oder in der Szene der Prostitution, andere lehnen Sexualität vollkommen ab, und wieder andere leben Sexualität in der Partnerschaft. Ich habe viele Geschichten über Sexualität bei Betroffenen gehört und stellte jedes Mal fest, dass viele Gemeinsamkeiten zu finden waren. Deshalb ist es auch wichtig, dieses Thema hier aufzugreifen.

Als im Jahre 2006 all meine Erinnerung an sexuellen Missbrauch und Gewalt in mein Bewusstsein kamen, änderte sich auch meine Sexualität rapide. Gezeichnet von Ängsten, Flashbacks und Triggern lehnte ich zum Teil alle sexuellen Handlungen ab. Über viele Jahre hinweg erlebte ich Sexualität als etwas Schreckliches, das ich nicht wirklich tun wollte. Die Erinnerungen und Gefühle an den sexuellen Missbrauch waren zu groß, und ich fühlte mich manches Mal wie dieses kleine Mädchen von damals. Durch die „Posttraumatische Belastungsstörung“ erlebte ich die Dinge von damals erneut, und es fiel mir sehr schwer, damit umzugehen.
In der Akutphase kam es sogar vor, dass ich die Täter von damals, während sexuellen Handlungen mit meinem Partner, vor mir sah. Dies ist eines der schrecklichsten Dinge, die passieren können, denn man kann als Betroffener mit diesem Gefühl nicht wirklich umgehen, und der Partner muss solch eine Situation auch verkraften können.

In meiner Therapie lernte ich Skills und Übungen aus der Trauma-Therapie, die mir dabei halfen, mich in solchen Momenten auf das Hier und Jetzt zu konzentrieren und darauf, dass mir aktuell nichts mehr passieren kann. Diese Übungen sind sehr wertvoll und vor allem auch sehr wichtig, um den nötigen Abstand zur Vergangenheit zu finden. Besonders wichtig in diesen Moment sind verschiedene Atemübungen. Tief in den Bauch zu atmen kann mir helfen ins Hier und Jetzt zurückzukommen. Eine weitere Skill-Übung ist der Gedanken-Stopp. Hier muss ich bewusst und am besten laut zu meinen Gedanken „STOPP“ sagen. Sexuelle Handlungen sollten zu diesem Zeitpunkt natürlich abgebrochen werden, um sich wieder „fangen“ zu können. Es kann durchaus vorkommen, dass ich in Momenten von Flashbacks, also zurückkehrenden Erinnerungen, wie gelähmt bin und nicht reagieren oder groß sprechen kann. In diesem Fall kann ich mit meinem Partner ein Codewort oder eine Geste vereinbaren, das ich ausspreche oder zeige und mein Partner dann genau weiß, dass es nun wichtig ist, zu unterbrechen oder aufzuhören.

Für mich war es immer sehr schwer, über Sexualität zu sprechen. Manche Wörter konnte ich gar nicht in den Mund nehmen. Es wurde mir früher ja auch immer verboten, darüber zu sprechen. Kamen solche Themen auf, verfiel ich häufig in kindliche Verhaltensweisen wie Zurückhaltung, Schüchternheit, ja ich schämte mich für meine Sexualität.

Im Jahre 2012 war ich in einer Klinik zur Trauma-Therapie, um das Thema Sexualität für mich zu bearbeiten. Es gelang mir von Anfang an, dieses schwere Thema anzusprechen. Ich erzählte von den Folgen des sexuellen Missbrauchs und von all den Problemen, die deshalb immer wieder auf mich einwirkten. Dazu gehörten Ängste, Schamgefühle, Schuldgefühle und unendliche Verzweiflung, da mich dieses Thema so sehr belastete.
In meiner Beziehung stand das „ Nein“ in den letzten Jahren ganz weit oben, da meine Sexualität fast ständig geprägt war von Flashbacks und Weinanfällen. Dies wollte ich von vornherein bereits ver-

hindern, indem ich NEIN sagte. Für den Partner der eine gesunde Sexualität lebt ist dies natürlich sehr schwer anzunehmen.
Gerade zu Beginn meiner Aufarbeitung und Erkrankung waren Gefühle von Lust und Sex mit sehr großen Schuldgefühlen geprägt. Es kam häufig zu dissoziativen Zuständen, Angst– und Panikattacken oder auch im Nachhinein zu Selbstverletzungen. Die Schuldgefühle kamen durch die Vergangenheit immer wieder nach oben. Das, was ich damals während des Missbrauchs und der Vergewaltigung erlebt hatte, löste diese Schuld in mir aus, weil ich Dinge erlebte die ein Kind nicht erleben sollte. Und von den Tätern bekommt man immer gesagt, man sei schuld. Diese Schuld überträgt sich bis ins Erwachsenenalter. Ich kämpfte jahrelang mit dieser inneren Schuld. Allein wenn ich NEIN zur Sexualität sagte, bekam ich Schuldgefühle, die häufig in selbstverletzendem Verhalten endeten, denn diese Schuld war kaum zu ertragen. Heute weiß ich, dass es daran liegt, dass ich früher nicht NEIN sagen durfte. Die Grenzen wurden überschritten, und als Kind hat man nicht die Möglichkeit für sein NEIN zu kämpfen. Es hatte einfach keinen Stellenwert. Erst als ich dies im Laufe meiner Aufarbeitung erkannte, konnte ich die Schuldgefühle nach und nach loslassen. Ich machte mir immer wieder bewusst, ich darf NEIN sagen, und niemand ist mir böse, wenn ich das tue. Ich habe nichts zu befürchten, wenn ich NEIN sage, und ich werde dennoch geliebt. Diese Erkenntnis war besonders wichtig zu erreichen.

Während der Trauma-Therapie begann ich erstmals mit der Aufarbeitung meiner gestörten Sexualität. Ich fühlte mich zu diesem Zeitpunkt bereit dazu. Ich wollte, dass sich etwas in meinem Leben verändert. In den Therapiesitzungen wurde mir immer wieder gesagt, wie wichtig Sexualität für den Menschen ist, wie wunderschön sie sein kann, und dass man darin so vieles ausdrücken kann. Ich wollte unbedingt raus aus dem Teufelskreis von Schuld und Scham. Also begann ich zu sprechen. Aus der Tiefe meines Unterbewusstseins kamen Dinge hervor, die mir unglaubliche Angst bereiteten. Das

Sprechen fiel mir so schwer, dass ich oftmals kaum atmen konnte. An manchen Punkten konnte ich nur weinen und an wieder anderen kam so viel Wut in mir hoch, dass ich laut wurde und diese Wut in den Sitzungen auslebte, indem ich auch mal losgeschrien habe. Aber alles war vollkommen in Ordnung und auch wichtig, denn bisher hatte ich diese Gefühle nur unterdrückt.

Während der Trauma-Therapie hielten wir uns jedoch nur wenig in der Vergangenheit auf. Wichtiger war es, Möglichkeiten zu finden, mit dem seelischen Schmerz umzugehen und meine eigene Sexualität zu finden und auch zu leben.

Zwei Jahre sind nun vergangen, seit ich damit begann, an meiner Sexualität zu arbeiten. Und ich kann mit Stolz sagen, dass sich bereits viel getan hat, und dass ich vieles erreicht habe, denn das Meiste musste ICH umsetzen. Ich musste lernen zu sprechen, meine Wünsche und Bedürfnisse zu äußern, ich musste üben NEIN zu sagen und musste lernen zu sagen, was ich will und was ich nicht will.
Heute lebe ich meine Sexualität frei von Schuld. Die Scham ist manches Mal noch vorhanden, aber auch sehr viel weniger geworden.
Für mich war in dieser Hinsicht das Wichtigste, dass ich mein Schweigen gebrochen habe und endlich damit begonnen habe, zu sprechen. Zu sprechen in der Therapie und vor allem auch mit dem Partner. Das habe ich gelernt.

Die Trauma-Therapie war das Beste was mir passieren konnte um an diesem schwierigen Thema zu arbeiten.

Trauma-Therapie - Eine Erfahrung mit positiven Folgen

Die ersten Tage waren eher schwierig für mich, da ich ein Mensch bin, der mit Veränderung und der Fremde nur schwer umgehen kann. Das Heimweh nach meiner Familie und meinem Zuhause tat sehr weh. Es war alles so fremd. Die Umgebung, die Therapeuten, die Mitpatienten und die Therapie an sich. Ich fühlte mich an dem ersten Tage sehr depressiv, weinte viel, benötigte die Unterstützung des Pflegepersonals und wollte am liebsten das Zimmer nicht verlassen.

Aber mein Verstand sagte mir regelmäßig: „Das bringt dir nichts"
Nach den Anfangsschwierigkeiten lernte ich die ersten netten Mitpatientinnen kennen. Es folgten lange, intensive Gespräche, und ich konnte mich voll auf die Therapie einlassen.

Das wichtigste Element in der Trauma-Therapie waren wohl die Einzelgespräche mit der Therapeutin. Bereits beim ersten Gespräch fiel ich mit der Tür ins Haus und erzählte mutig vom sexuellen Missbrauch in der Kindheit und dem Missbrauch im Erwachsenenalter. Ich erklärte, welche Probleme dadurch in der Sexualität entstanden waren. Erzählte von Dingen, die ich tun und nicht tun konnte. Dies kostete mich zu Beginn viel Überwindung und Tränen, gerade der Missbrauch im Erwachsenenalter war noch sehr schuldbeladen. Aber auch diese Therapeutin versicherte mir, dass ich keine Schuld daran hätte. Aber ich müsse für mich einen Weg finden, damit klarzukommen, und vor allem müsse ich mir selbst verzeihen. Da hatte sie einen wunden Punkt gefunden, denn das ist wohl eine der schwersten Aufgaben während einer Aufarbeitung. Immer wieder war dies Thema in den Sitzungen, aber das Reden fiel mir von Mal zu Mal leichter.
Dennoch waren die Gespräche immer so intensiv, dass ich häufig auf meine Bedarfsmedikation zurückgreifen musste, und nach je-

dem Einzelgespräch benötigte ich zwei bis drei Tage, um wieder Boden unter den Füßen zu haben, aber gerade diese Gespräche waren so wichtig.

Ebenso wichtig wie die Einzelgespräche waren die Gruppentherapien. Da ich auf der Trauma-Station der Klinik untergebracht war, war klar, dass ich in einer Gruppe mit schwer traumatisierten Frauen war. Die Gruppenstunden waren häufig nicht einfach. Die Themen waren so intensiv, dass viele Frauen regelmäßig zusammenbrachen. Ich stellte immer wieder fest, wie weit ich doch in meiner Aufarbeitung schon war. Klar liefen auch bei mir mal die Tränen, und ich musste den Gruppenraum verlassen, aber im Großen und Ganzen konnte ich gut und mit hilfreichen Beiträgen an der Therapie teilnehmen. Ich bekam häufig die Rückmeldung, ein sehr authentischer Mensch zu sein, was mich natürlich sehr freute.

Eine besonders intensive Gruppe war auch die Beckenbodengymnastik. Diese ist jedoch nicht zu vergleichen mit der üblichen Beckenbodengymnastik, die man von verschiedenen Kursen kennt. Hier ging es um Körperwahrnehmung, die Mitte des Körpers finden, was besonders bei sexuellen Störungen wichtig ist. Es war kaum zu glauben, aber in dieser Gruppe waren Skills immer von großem Nutzen und angebracht, denn ich bin oft während der Übungen in Tränen ausgebrochen, weil so viele Gefühle urplötzlich nach oben kamen. Regelmäßig standen Nachgespräche mit der Therapeutin an, um gefasst in die nächste Therapie zu kommen. Es ist nur schwer zu beschreiben, was hier in der Gruppe geschah. Die Therapeutin erklärte es uns immer mit folgenden Worten: „Das nennt man Trauma-Therapie, die angestaute Gefühle lösen soll".
In dieser Gruppe verstand man häufig den Sinn, der hinter einer Trauma-Therapie stand. Häufig hat man nicht so recht verstanden, was Trauma- Therapie bewirken kann und welcher Sinn sich dahinter verbirgt.
Besonders effektiv waren auch die Gespräche unter den Mitpatien-

tinnen. Zum ersten Mal in meinem Leben sprach ich mit anderen Frauen über Sexualität, sowie über die Probleme und Konflikte in Partnerschaften aufgrund von Flashbacks und Triggern. Zum ersten Mal fühlte ich mich mit diesem Thema nicht alleine. Ich dachte immer, ich allein hätte solche schweren Probleme, dabei gibt es so viele andere Frauen, denen es genauso geht. Und genau, dieses Wissen, nicht allein zu sein, tut besonders gut.

Während der sieben Wochen auf der Trauma-Station begegnete ich so vielen Frauen, so vielen verschiedenen Persönlichkeiten. Jede von uns hatte ihre eigene Lebensgeschichte. Jede hatte verschiedene Folgen der Traumatisierung davongetragen, die einen freundlich, nett und lebensfroh, andere verzweifelt und lebensmüde, wieder andere voller Wut und Hass auf das Leben und die Menschen. Einige entwickelten im Laufe ihres Lebens durch ihre Erfahrungen einen unheimlichen Hass auf Männer. Sie waren alle multiple Persönlichkeiten, die sich in ihre Erkrankung flüchteten, Frauen, die durch schwerste Traumatisierungen auf der Ebene eines Kindes standen.

Aber eines hatten wir alle gemeinsam!!!
Wir waren schwer traumatisierte Frauen, die versuchten zu leben!!

Bereits zu Beginn der Reha entwickelten sich Freundschaften, die ich nicht missen möchte. Intensive Gespräche über eigene Probleme, über die Vergangenheit und gemeinsames Lachen halfen uns festzustellen, dass wir vieles gemeinsam hatten, z.B. der Missbrauch in der Kindheit, der bei jedem Ähnliches oder sogar Gleiches auslöste. Es war oft eine Erleichterung, dies zu erfahren. Es war allerdings besonders wichtig, die Abgrenzung nicht aus den Augen zu verlieren. Hatte man sich von vielen Frauen nicht abgegrenzt, war man echt verloren, denn dann fand man sich in den Lebensgeschichten der anderen wieder, auch in Gefühlen, die nicht die Eigenen waren. Und hier wieder rauszukommen war sehr schwer und konnte häufig nur mit Hilfe des Pflegepersonals bewältigt werden.

Wir hielten uns in der Freizeit häufig im allgemeinen Foyer auf, wo die anderen Patienten von den angrenzenden Stationen, wie Orthopädie, inneren Medizin, Neurologie und Psychosomatik allgemein waren. Mit der Zeit stellte man fest, dass diese Patienten uns im Frauenbereich mit großer Vorsicht und Abstand begegneten. Da unsere Gruppe recht offen war, erfuhren wir in so manchen Gesprächen auch, was so mancher denken. Da hieß es z.B.: „Da sind die vergewaltigten Frauen, die Männerhasser, die dürfen wir nicht ansprechen, usw. Aber durch unsere Offenheit konnten wir doch den einen oder anderen davon überzeugen, dass auch wir ganz normale Menschen waren. Teilweise waren sie dann so überrascht darüber, dass man so offen mit uns reden konnte, was wir in persönlichen Gesprächen sogar bestätigt bekamen.

Es war wirklich faszinierend.

Am Ende der Trauma-Therapie hatte ich vieles für mich gelernt, vor allem auch die Akzeptanz des eigenen Körpers durch bestimmte Körpertherapien. Ich habe erfahren, dass ohne Selbstliebe auch Sexualität nur schwer möglich ist und gerade die Selbstliebe ist bei der Borderline-Störung stark eingeschränkt. Aber ich habe erfahren, dass es möglich ist, diesen Weg zu gehen, und dass auch eine gestörte Sexualität heilbar ist.

Ca. sechs Monate nach der Trauma-Therapie hatte ich nach fast drei Jahren meinen ersten großen Rückfall, bei dem ich von schweren Flashbacks eingeholt wurde. Erinnerungen kamen zurück, wie ich damals, als Kind, auf den Missbrauch reagierte. Puzzleteile setzten sich hierdurch zusammen. Aber zu spüren und zu „sehen“, wie ich darauf reagierte, tat unendlich weh. Ich war von Albträumen und Wachträumen geplagt und vergoss unendlich viele Tränen zu dieser Zeit, jedoch bekam ich dadurch auch einige Antworten in Bezug auf meine Probleme in der Sexualität. Und wieder stand die Sexualität im Vordergrund meiner Aufarbeitung.

Es fiel mir verdammt schwer, über das alles zu sprechen, aber da es mir so wichtig war, es aufzuarbeiten, wusste ich, dass ich in der Therapie darüber sprechen musste. Häufig saß ich mit hochrotem Kopf in der Einzelstunde oder konnte oft lange nicht aussprechen, was ich eigentlich sagen wollte, weil ich mich so schämte. Ich verletzte mich selbst, weil ich diese Dinge nicht aussprechen konnte, weil ich die Gefühle nicht in Worte fassen konnte. Ich vergoss Tränen und brach regelrecht zusammen, aber im Nachhinein merkte ich immer, wie gut es tat, wenn ich es dann doch schaffte. Ich spürte, dass mir nichts passierte, und der Therapeut hatte auch kein schlechtes Bild von mir (das war eine meiner großen Ängste). Im Gegenteil. Ich wurde ermutigt, weiterzusprechen und alles rauszulassen. Je mehr ich aussprach, und je offener ich wurde, umso besser ging es mir auch gefühlsmäßig mit dem Thema Sexualität.
Ich war wahnsinnig stolz auf mich.

Nach der Trauma-Therapie und dem Aufenthalt im Bezirksklinikum, wo es hauptsächlich um die Aufarbeitung meiner Sexualität ging, konnte ich nach einiger Zeit eine deutliche Besserung spüren. Ich begann, meinen Körper achtsamer wahrzunehmen und konnte bestimmte Gefühle der Sexualität bewusst annehmen und zum Teil sogar beginnen, sie auszuleben. Gerade diese Achtsamkeit trug dazu bei, dass ich lernte, meinem Körper zu folgen.

Es wird sicher noch ein langer Weg, um all die Missstände der Vergangenheit loszulassen, doch spüre ich deutlich, dass es möglich ist. Heute erfüllt es mich mit großem Stolz, dass ich es gewagt habe, diesen Weg einzuschlagen und mich an das Thema Sexualität herangewagt habe. Das hätte ich vor einigen Monaten niemals gedacht. Trotz all der Schamgefühle habe ich es geschafft, und ich weiß heute, dass ich mich für nichts schämen muss.
Sexualität soll für mich kein Tabuthema mehr sein.
Manches Mal wenn es mir wirklich gut geht, dann fühle ich mich wie ein Held in meinem eigenen Leben.

Helden dieser Welt

Helden dieser Welt
sind Menschen
die zu sich stehen,
die Stärke zeigen,
obwohl sie schwer verletzt wurden.

Helden dieser Welt
zeigen jedoch auch mal ihre Schwächen,
vergießen leise Tränen
und stehen wieder auf.

Helden dieser Welt
leben ihre Träume,
egal wie verzweifelt sie darum kämpfen müssen.
Helden dieser Welt
kämpfen für ihre Ziele,
unerbittlich und voller Zuversicht,
denn sie erreichen, was sie sich wünschen.

Helden dieser Welt
erreichen Großes durch ihren Mut.
Sie erzählen Geschichten
des Lebens
und stehen auf, wenn andere fallen.

Helden dieser Welt
erkennen Masken auf Gesichtern,
sie flüstern leise
Worte der Zuversicht.
Sie atmen tief
und sprechen zu Dir.

Helden dieser Welt
sind Menschen wie du und ich:
Sie lieben das Leben,
sie leben das Leben,
sie achten das Leben.

Helden dieser Welt
bleiben sich treu
bis in den Tod.

Sei auch Du ein Held!!
LEBE!!!!!!

© Franziska Neidt, 13.Januar.2014

Als ich 2013 nach meinem schweren Rückfall in die Klinik kam, schrieb ich folgenden Bericht zum Thema Stabilität und Rückfall, und wie ich dieses erlebte.

Stabilität und Rückfall

Stabilität ist eine wundervolle Phase bei der Borderline-Störung. Stabile Gefühle, stabile Stimmung bedeuten für mich, das Leben zu genießen und einfach kurz gesagt Lebensqualität.
Nach meiner Entlassung aus der Psychiatrie im Oktober 2010 halfen mir eine intensive ambulante Therapie und eine medikamentöse Lithium-Therapie, eine für mich wundervolle Stabilität zu erreichen. Natürlich waren kleine Rückfälle zu beobachten, aber diese konnte ich sehr gut meistern und immer wieder abschließen. Dieses Gefühl machte mich unglaublich stolz, denn es zeigte mir, was ich für mich erreicht hatte.

Niemals dachte ich daran, dass nochmals ein Aufenthalt in der Psychiatrie notwendig sein würde, bis zu jenem Tage im Juni 2013, als meine Therapeutin mir diese Worte sagte: „Frau Neidt, ich empfehle Ihnen einen stationären Aufenthalt in der Klinik, um die akuten Symptome der Depression abzufangen."

Zu Beginn war ich entsetzt, schockiert, fühlte mich als Versager und fühlte mich schuldig, weil ich nach so langer Zeit in dieser Negativspirale gefangen war. Gefühle wie Wut, Trauer und Hoffnungslosigkeit machten sich in mir breit, weil ich es nicht schaffte, aus diesem Teufelskreis zu entfliehen.

Nach einigen Tagen, als ich die Umstände akzeptiert, und mich entschieden hatte, die Hilfe eines stationären Aufenthaltes anzunehmen, machte ich mir Gedanken, warum es so weit gekommen war, warum ich wieder in diese Depression gerutscht war und warum mich alte Glaubenssätze und Verhaltensweisen so in Beschlag genommen hatten.

Die Antwort war relativ einfach zu finden. Es gab hier zwei Dinge, die eng zusammenspielten. Im Februar musste ich das Medikament Lithium absetzen, weil mein Körper es irgendwie nicht mehr aufgenommen hat. Dann kam die ambulante Therapie hinzu. Ich bearbeitete dort mit meiner Therapeutin das für mich sehr schwer belastende Thema Sexualität (was auch das Thema des letzten Jahres in der Trauma-Therapie war). Im Laufe von zwei Monaten hatte sich meine Gefühlslage dadurch drastisch verschlechtert. Ich begann immer mehr in diese unerträglichen Stimmungsschwankungen zu geraten. Ein Auf und Ab meiner Gefühle, ähnlich einer Achterbahn, waren die Folgen. Urplötzlich litt ich wieder an nächtlichen Flashbacks. Neue Erinnerungsblitze lähmten meinen Körper und meine Seele. An Schlaf war in dieser Zeit kaum noch zu denken. Schwere Körpererinnerungen und Schmerzen von früher her aus der Missbrauchs Situation machten mich seelisch zu einem neuen „Wrack".

Mittlerweile stand ich ja bereits auf der Warteliste für die Psychiatrie. Während der Wartezeit hatte ich die Möglichkeit, mir Gedanken über alles zu machen, dennoch gab es auch Erkenntnisse, die mir ein klein wenig aus der unerträglichen Situation halfen.

Mein FAZIT oder auch meine RADIKALE AKZEPTANZ:

Trotz all der seelischen Schmerzen, Nähe und Beziehung lösten sich diese neuen Erinnerungen, auf die ich schon lange wartete, denn nur so setzte sich das Puzzle meines Lebens endlich zusammen! Leider hatte ich wohl verdrängt, wie schmerzhaft solche eintretenden Erinnerungen sind. Aber sie haben etwas sehr Positives. Die Erinnerungen zeigen mir eine für mich wichtige Reaktion auf den Missbrauch von früher. Eine Reaktion, die ich auch leider immer wieder in der Beziehung mit meinem geliebten Mann erlebte. Nun habe ich endlich die Erklärung dafür und kann langsam damit beginnen, gemeinsam mit meinen Therapeuten daran zu arbeiten und dies zu wandeln. Eigentlich soll Sexualität mit dem Partner ja etwas Schönes sein, jedoch mit einem noch nicht aufgearbeiteten sexuellen Trauma, ist dies nur schwer zu finden. Einige Zeit nachdem diese Erinnerungen auftauchten, wurden die nächtlichen Flashbacks weniger und waren auch nicht mehr so intensiv. Nach drei Wochen Wartezeit bekam ich nun endlich den Platz im Bezirksklinikum. Jetzt hieß es für mich, mich meinen schrecklichen Schuldgefühlen zu stellen, meine Scham zu überwinden und dem Therapeuten in der Klinik zu berichten, was mich nach langer Stabilität so aus der Bahn geworfen hatte. Das fiel mir sehr schwer.
Zusätzlich kämpfte ich täglich mit meinem schlechten Gewissen meiner Familie gegenüber. Es war schwer zu akzeptieren dass ich wieder so tief gefallen war, und es tat weh zu erkennen, dass ich Hilfe von außen benötigte, weil ich es alleine nicht mehr bewältigen konnte.
Nun bin ich schon die vierte Woche in der Klinik, kann es akzeptieren und annehmen und bin stolz darauf, diesen Schritt gemacht zu haben. Derzeit ist es wieder harte Arbeit, diese neuen, schrecklichen Erinnerungen in mein Leben zu integrieren. Dadurch, dass ich mich dafür sehr schäme, kann es jedoch eine ganze Weile dauern, jedoch habe ich große Unterstützung durch meinen derzeitigen

Therapeuten in der Klinik. Zu Beginn fiel es mir sehr schwer, mich zu öffnen, vor allem wegen der Thematik Sexualität. Aber im Laufe der vier Wochen hab ich es geschafft, mich zu öffnen und habe erfahren, dass es nicht schlimm ist darüber zu sprechen, denn es gibt nichts, wofür ich mich schämen müsste, denn die alleinige Schuld liegt beim Täter.

Aber es ist nicht das erste Mal. Bei all den anderen schrecklichen Erinnerungen der letzten Jahre hab ich es auch geschafft. Es war schwer und ein steiniger Weg, ABER ich habe es geschafft und „überlebt“, wie meine Therapeutin immer so schön sagt.

Und so habe ich tief in mir drin den Optimismus, dass ich es auch dieses Mal erreichen kann, wieder aufzustehen.

Aufzustehen und sagen: „Ich hab's geschafft.“

Vor allem sehe ich es als sehr positiv an, dass ich weiß, das sich viele Dinge NUR in meinem Kopf abspielen. Das viele „Geister“ nur in meinem Kopf existieren, was einfach auch die Borderline-Störung mit sich bringt, und gerade in einer Krisenphase können diese „Geister“ mir das Leben sehr schwer machen.

Ich weiß, dass ich mit meinem Willen und meiner inneren Stärke, aber auch mit medikamentöser Therapie und Therapiegesprächen wieder eine Stabilität erreichen kann. Dann werde ich die „Geister“ in meinem Kopf beruhigen und annehmen, und ich werde dafür sorgen, dass die positiven und hoffnungsvollen Gedanken wieder einen Platz in meinem Gedankenwirrwarr haben.

In meinem Herzen weiß ich: ALLES WIRD GUT!!!!

Nun brauch ich einfach etwas Zeit für mich und viel Geduld mit mir, um wieder fit und stabil zu werden.

Zu Beginn war es für mich eine sehr schreckliche Erkenntnis, aus der Stabilität heraus in eine schwere Krise zu fallen. Aber ich schäme mich nicht mehr dafür, denn hinfallen ist erlaubt, man muss nur wieder aufstehen, und DAS TUE ICH, denn ich will leben. Leben für mich, meine Familie und für meine Freunde.

Licht und Schatten

Licht und Schatten sind für mich wie zwei Elemente.
Sie drücken so vieles aus.
Gefühle kann ich in Licht und Schatten einteilen.
So spiegelt sich Hoffnung in Licht,
und Hoffnungslosigkeit in Schatten.
Freude und Ärger
und Liebe und Hass,
Vertrauen und Misstrauen,
all diese Gefühle sind ein Zusammenspiel
von Licht und Schatten.

An manchen Tagen erlebe ich das Licht,
das sind die fröhlichen Tage, an denen ich glücklich bin,
Stärke habe, um den Weg weiterzugehen,
Hoffnung darauf, dass alles gut wird,
Tage an denen ich vertraue und viele positive Dinge wahrnehme.

Doch leider ist das Licht in mir noch nicht soweit, um gegen die Schatten anzukämpfen.
Das nenne ich dann diese Tage,
an denen der Schatten bereits am frühen Morgen
auf mein Gemüt schlägt,
wo der Schatten Gefühle hervorholt,
die ich eigentlich begraben will.
Gefühle wie Angst, Wut, Traurigkeit, Einsamkeit und Misstrauen.
Es sind die Schatten der Vergangenheit, die einfach nicht ruhen wollen.

Licht und Schatten,
ihr kämpft in meiner Seele.
Jeder kämpft gegen den Anderen,

dabei solltet ihr im Gleichgewicht sein.
Das Licht ist wichtig, um Freude und Liebe zu erleben,
aber ebenso sind Schatten wichtig.
Schatten sind wie Erfahrungen, sie haben den Menschen
aus mir gemacht, der ich heute bin.
Aber tief in meinem Herzen weiß ich,
spüre ich, dass ich eines Tages dieses Gleichgewicht finden werde.
Dann werde ich an den Punkt kommen,
an dem ich akzeptieren werde,
dass Licht und Schatten zum Leben gehören.

Anzeige und Täterkonfrontation

Ein wichtiges Thema in meiner Aufarbeitung war auch die Konfrontation mit der Anzeige.
Hier könnt ihr Schritt für Schritt verfolgen, wie ich einen Anfang gefunden habe, und wie die ganze Sache eines Tages endete.

13. Januar 2009

Zu Beginn meiner Aufarbeitung vor acht Jahren stellte ich mir immer wieder die Frage nach dem „WARUM, WIESO und WESHALB?“ Was geht in solch einem Menschen vor, der Kinder sexuell missbraucht. Heute weiß ich, ich werde niemals eine Antwort darauf bekommen, und seit einigen Wochen will ich diese Antwort auch gar nicht mehr. Denn selbst wenn ich eine Antwort bekommen würde, würde ich es wohl nie verstehen oder geschweige denn dafür Verständnis haben. Im Laufe des letzten Jahres denke ich immer öfter daran, meine Täter mit dem Geschehenen zu konfrontieren. Ich habe keinen Kontakt mehr zu ihnen, aber ich denke, es wäre eine Leichtigkeit herauszufinden, wo sie zu finden sind.

Bereits zweimal hatte ich unheimlich reale Träume, was die Situation einer Konfrontation betrifft. So habe ich im Traum meinen Stiefvater „fertig“ gemacht, ihn angebrüllt, auf ihn eingeschlagen, ihm gesagt, was ich von ihm halte usw. Jedes Mal lief der Traum gleich ab. Er lag reumütig vor meinen Füßen, heulte wie ein kleines Kind, versuchte sich zu rechtfertigen und bat mich um Verzeihung. Ich genoss diese unglaubliche Stärke, die ich ihm gegenüber hatte. Doch leider waren es nur Träume. NEIN, eigentlich kann ich nicht sagen: „leider“, denn diese Träume halfen mir beim Verarbeiten meiner Probleme. Immer wieder kommen Zeiten, in denen ich daran denke, nach all den Jahren eine Anzeige zu machen, oder ihn anzurufen und ihm ins Gesicht zu sagen, was ich von ihm halte und was er mir angetan hat. Bisher waren dies immer nur Gedanken. Aber mittlerweile bin ich an einem Punkt angelangt, wo ich deutlich spüre, dass „meine Zeit“ kommen wird. Eine Täterkonfrontation wird mir helfen, das Vergangene abzuschließen. Teilweise habe ich sogar das Gefühl, es ist der Schlüssel zu meiner neuen Zukunft. Der Schlüssel zum Loslassen und Abschließen. Ich warte nur noch auf den richtigen Zeitpunkt, und ich fühle, dass dieser Zeitpunkt unmittelbar bevorsteht, da ich die Stärke in mir spüre und ich lerne, auf mein Herz zu hören.

Ich weiß auch, dass Menschen aus meinem Umfeld und ganz besonders innerhalb meiner Familie sich große Sorgen machen, ob ich das schon kann, ob ich schon soweit bin, aber ich spüre es und freue mich täglich über all die Unterstützung, die mir entgegengebracht wird. Im letzten Jahr habe ich viel im Internet und auch in Foren bzgl. einer Anzeige von sexuellem Missbrauch usw. recherchiert. Leider ist es scheinbar noch immer so, dass das Verbrechen „sexueller Missbrauch“ in Deutschland zu Straftaten gehören, die verjähren. Schade eigentlich, dass die daraus entstehenden Folgen für die erwachsen gewordenen Opfer nicht verjähren und einfach ad acta gelegt werden können, denn wir müssen leider unser Leben lang mit dieser Erfahrung und den seelischen Folgen leben. Genau das wird in den nächsten Tagen mein erster Schritt sein. Erkundigungen über die Verjährungsfristen von sexuellem Missbrauch bei der Polizei bzw. bei der Kripo einholen.
Heute ist der 13. Januar 2009, und ich habe eine fast schlaflose Nacht hinter mir, da genau dieses Thema heute Nacht wieder präsent war und in meinem Kopf kreiste. Ich spürte sie wieder, diese Stärke in mir, und ich weiß nicht, warum es plötzlich so wichtig für mich wird, aber ich weiß, es ist ein Teil der Aufarbeitung, der zu mir gehört, so wie all die vergangenen seelischen Schmerzen, Flashbacks, dissoziativen Störungen usw. Ich werde den Mut haben, den wichtigen Schritt für mich zu gehen, und ich weiß, es wird irgendwann in den nächsten Tagen soweit sein.
Schritt für Schritt und es will alles gut überlegt sein.

In den folgenden Zeilen werdet ihr jetzt in nächster Zeit verfolgen können, welche Schritte ich gehen werde, was in den Punkt Täterkonfrontation betrifft.

23. Januar 2009

Heute sollte wohl dieser Tag sein, an dem ein Anfang gemacht wird. Ich fuhr zum Wochenendeinkauf in die Stadt. Es war ein Freitagvormittag. Spontan und kurz entschlossen nahm ich mir vor, zur Kriminalpolizeilichen Beratungsstelle zu fahren, da ich dachte, dies sei die richtige Anlaufstelle für mein Anliegen. Doch leider öffnete niemand die Tür. So nahm ich mein Handy und rief gleich die angegebene Nummer an, an die man sich bei Abwesenheit wenden sollte. So saß ich in meinem Auto, und mein Herz klopfte mir in diesem Moment wohl bis zum Hals hinauf. Ich wurde direkt mit der Polizeidirektion, mit dem zuständigen Kommissariat verbunden. Ich führte dann fast 60 Minuten ein Telefonat mit einem sehr netten Polizisten. Seine ruhige Art machte mir wohl das Reden sehr leicht. Ich erklärte ihm, was ich für Fragen hatte, was ich gerne wissen wollte, und ob er mir weiterhelfen könnte, und ich muss sagen, er konnte mir gut helfen. Natürlich kann man am Telefon nur bedingt Dinge klären, aber durch dieses Gespräch wusste ich, es ist richtig, was ich tue. Er legte sich auch sehr ins Zeug, wälzte das Strafgesetzbuch und kramte sogar das alte Strafgesetzbuch aus der damaligen Zeit hervor und suchte nach Antworten. Er erklärte mir jedoch auch, dass er mir aufgrund der Verjährungsfristen keine konkreten Antworten geben konnte, da es immer auf die individuelle Tat ankommt, also was, und wie es damals passiert ist.

Mit der Zeit wollte er ein paar mehr Stichpunkte von mir haben, um mehr sagen zu können. Das war in dem Moment auch überhaupt kein Problem für mich. Es wurden auch einige Dinge angesprochen, die dann doch ein etwas mulmiges Gefühl in mir hervorriefen oder

ich mir dann auch dachte: „Na prima, so ein Mist.“ Aber im Grunde war dieses Telefonat ein sehr guter Anfang, der mich in meinem Vorhaben nur bestätigte. Der Beamte sagte mir, dass man die ganze Sache auch nur klären kann, wenn ich mich dazu entscheide, eine Aussage zu machen. Er möchte mir dann allerdings auch sagen und mich darauf vorbereiten, dass ich mir, wenn ich diesen Schritt gehe, darüber klar sein muss, dass es zu einer Anzeige kommen kann, auch wenn ich mich nicht für den Schritt hierzu entscheide. Grund dafür ist, dass Beamte einer Sache nachgehen müssen, wenn sie der Meinung sind, dass eine Straftat vorliegt. Ich sagte ihm, das sei überhaupt kein Problem, deshalb habe ich ja diesen ersten Schritt hiermit getan. Er bot mir nun an, dass ich mich mit seiner Kollegin, der Kriminaloberkommissarin Frau M. in Verbindung setzen soll. Sie sei für diese Dinge die beste Ansprechpartnerin und bearbeite diese Fälle. Er würde sie in Kenntnis darüber setzten, dass er mit mir telefoniert hat, damit sie auch gleich Bescheid weiß. Das freute mich sehr.
Einige Stunden nach dem Telefonat änderten sich meine Gefühle doch ein wenig. Es waren zwar keinen Zweifel in mir, aber irgendwie wurde mir bewusst, dass ich wieder etwas ins Rollen gebracht habe, und zum ersten Mal ärgerte ich mich über die Art und Weise, wie mit Opfern von Missbrauch laut Gesetz umgegangen wird, weil durch die Verjährungsfristen keine Anklage der Täter mehr machbar ist.. Nie ging mir das so nahe, das lag wohl auch an einigen Aussagen, die der Polizist gemacht hat, die die Tatsache sehr gut trafen, dass das deutsche Gesetz den Tätern mehr Zuspruch gibt, als den Opfern. Aber im Laufe des Wochenendes war ich sehr glücklich darüber, dass ich das gemacht habe, auch wenn es nur ein kleiner Schritt war. Dennoch war ich stolz auf mich.

28. Januar 2009

Nachdem ich den Montag noch etwas zum Nachdenken brauchte und dienstags auch nicht bei der Kripo angerufen hatte, habe ich dies dann am Mittwoch gemacht. Ich rief bei Frau M. an, die schon auf meinen Anruf wartete und befürchtet hatte, ich würde es mir doch anders überlegen. Wir hatten ein sehr gutes Telefonat. Ich erzählte ihr ein wenig, und sie fragte mich einige Dinge. Sie riet mir nochmals zu einer Anzeige. Unabhängig ob die Sache verjährt ist oder nicht, denn selbst wenn die Angelegenheit verjährt ist und ich die Anzeige mache, dann werden die Namen mindestens für die nächsten 15-20 Jahre im Polizeicomputer sein. Diese Aussage gefiel mir sehr gut, denn so hätte ich trotzdem etwas Positives erreicht.

Zum Schutz für andere Kinder oder Frauen.

Frau M. machte mir den Vorschlag, uns erst einmal zu treffen, damit ich sie etwas kennenlernen und Vertrauen fassen kann, bevor wir die Anzeige angehen. Sie sagte, dass sie gerne mit mir zum Kaffeetrinken gehen würde, da dies für mich wesentlich entspannter sei, als auf dem Polizeirevier. Dieser Vorschlag überraschte mich sehr, aber er gefiel mir auch besonders gut. Wir vereinbarten für dieses Treffen einen Termin, der einige Tage später stattfinden sollte.

05. Februar 2009

Heute traf ich mich mit der Kriminaloberkommissarin vor dem Polizeirevier. Sie fuhr mit mir in die Stadt und suchte ein ruhiges Café aus, in dem wir in Ruhe reden konnten. Wir haben fast drei Stunden gesprochen. Ich erzählte ihr von meiner Geschichte und den Erfahrungen. Zu Beginn war es etwas komisch, da sie die ganze Sache im Detail wissen musste. Zumindest einen Teil davon. Aber ich hatte keinerlei Probleme damit, ihr das zu erzählen. Im Gegenteil, es fiel mir sehr leicht zu sprechen und war irgendwie auch befreiend. Sie wollte zu Beginn noch keine Namen wissen. Sie sagte, die möchte sie erst wissen, wenn ich mir sicher bin, dass ich das tun will. Das gefiel mir sehr. Sie fragte mich genau, wo es passierte und ob ich mich an dieses oder jenes erinnere. Da fiel mir zum ersten Mal so richtig auf, wo noch Lücken in meinem Bewusstsein sind. Aber sie sagte, dass dies ok so ist. Sie meinte auch, dass wir sehr viel in der Hand hätten, wenn es wirklich zu einem Prozess kommen würde, und dass sie mir alles glaubte, was ich ihr erzählt hatte. Sie sagte das, weil sie auch schon viele andere Dinge in ihrer Karriere als Kripobeamtin erlebt hatte.

Zum Schluss gab ich ihr noch die Namen der Täter. Da der „große Missbrauch“ in derselben Stadt stattfand, wo das Polizeikomisariat war, fragte sie mich, ob wir anschließend kurz beim Tatort vorbeifahren könnten, damit sie sich ein Bild davon machen könnte. Das war dann auch ein sehr komisches Gefühl, genau vor dem Fenster zu stehen, wo es damals passiert ist. Ich fahre ja immer sehr oft mal vorbei, weil es sich häufig nicht vermeiden lässt, und jedes Mal denke ich daran. Aber davor zu stehen, war ganz anders. Am liebsten wäre ich einfach rein gegangen, aber wir sind dann wieder gefahren, nachdem wir einen festen Termin für die Erstattung der Anzeige und für meine Vernehmung gemacht hatten.

19. Februar 2009

Heute war also der Tag. Mir war sehr mulmig im Magen, und ich hatte doch etwas Angst. Keine Angst davor, den Schritt zu gehen, sondern eher die Angst, es könnte mir zu viel werden, ich könnte beim Erzählen heulend zusammenbrechen oder Ähnliches. Mein Mann, fuhr mich dorthin und holte mich auch wieder ab. Sicher war sicher, denn ich konnte ja vorher nicht wissen, wie ich mich anschließend fühlen würde oder ob ich in der Lage wäre, Auto zu fahren. Das waren eigentlich meine Ängste.
Ich wurde von Frau M. an der Wache abgeholt, und wir sind dann in ein Büro gegangen, wo die Vernehmung stattfand. Im ersten Moment bin ich etwas erschrocken, da noch eine Frau mit im Raum

sein sollte, die die ganze Sache gleich schriftlich in den PC eingab, aber das war dann doch ok für mich. Nachdem wir uns alle mit Kaffee und Getränken versorgt hatten, legten wir los. Frau M. erklärte mir kurz den Ablauf und sagte mir, ich solle einfach drauflos reden, was mir einfällt. Sie würde dann zwischendrin auch immer wieder Fragen stellen. So machten wir dies dann auch.

Ich begann erst unsicher und langsam zu erzählen, aber ich spürte dabei, wie gut es tat, dies alles hier zu erzählen. Es war ein anderes Gefühl als in der Therapie oder wenn ich es zuhause oder Freunden etwas erzählt hatte. Bereits während des Erzählens kamen so viele Dinge hervor und kleine Details, die mir urplötzlich einfielen. Ich erzählte und erzählte. Oft geschah es dann, dass Frau M. genauer nachfragte. Ich musste exakt beschreiben, wie der Missbrauch geschehen war, was der Täter genau getan hatte, wie er es getan hatte. Ich musste die Wohnung und das Zimmer beschreiben, was mir zum Teil sehr gut möglich war. Es war auch kein Problem, wenn Dinge dabei waren, an die ich mich einfach nicht erinnern konnte. Ich konnte zum Beispiel das Zimmer nur ohne Möbel beschreiben, da ich zwar noch genau wusste, wie das Zimmer aufgeteilt war, aber das Fenster und das Bett mehr nicht sah. Das sind oft die Kleinigkeiten, die in meinem Bewusstsein noch fehlen. Oft passierte es aber auch, dass viele dieser Dinge urplötzlich während des Erzählens in meinem Kopf plötzlich wieder präsent waren. Und immer wieder war ich erstaunt darüber, wie gelassen ich dieses Gespräch führen konnte. Es tat einfach sichtlich gut und gab mir unheimliche Kraft, weiterzumachen. Wir dachten eigentlich, dass wir gegen Mittag fertig sein würden, hatten also mit ca. drei Stunden gerechnet. Aus diesen drei wurden dann jedoch fünf Stunden. Es war eine lange Zeit, die jedoch auch sehr schnell vorbei war, wenn ich so drüber nachdenke. Ich hatte nur zweimal eine schwere Zeit dabei. Einmal, beim Erzählen einer Missbrauchssituation, rutschte ich in einen kleinen Flashback, den ich körperlich an meiner Hand wahrnahm. Das war sehr schrecklich und unangenehm. und ich begann damit, für einige Sekunden zurück in die Vergangenheit zu fallen, aber ich kam da auch ganz schnell wieder alleine raus, ohne dass es groß jemand mitbekommen hatte. Das freute mich natürlich. Lag wohl auch daran, dass ich einfach weitererzählen musste und deshalb meine Konzentration auf der Fortführung des Gespräches lag.

Dann gab es noch zwei Situationen, in denen die Tränen mal kurzzeitig geflossen sind. Einmal ging es um jemanden aus meiner Jugendzeit, der damals ein sehr wichtiger Mensch für mich gewesen war, weil er mir sehr viel Ehrlichkeit und Freundschaft entgegengebracht hat. Damals kam es zu einer unangenehmen Situation zwischen uns beiden, die durch den Missbrauch ausgelöst wurde, der ein Jahr vorher geschehen war. Zum damaligen Zeitpunkt war dies allerdings für niemanden nachvollziehbar gewesen, und diese Person hatte sich große Vorwürfe gemacht. Das kam bei mir in der Vernehmung gefühlsmäßig ziemlich stark an die Oberfläche. Es ist auch eine Geschichte, die ich noch aufarbeiten werde und hierfür wohl noch etwas Zeit dafür benötigen werde.

Die andere Situation war gegen Ende des Gesprächs. Hierbei ging es darum, dass ich erzählen sollte, warum ich diese Anzeige machen will. Ich erklärte dies und kam dann auf meinen Mann zu sprechen. Dabei flossen die Tränen schon sehr stark. Ich begann zu erzählen, was er durch all die Aufarbeitung alles mitgemacht hatte, wie stark er immer wieder gewesen war, und wie er immer wieder hinter mir gestanden ist, obwohl ich ihn immer wieder, wenn auch unbewusst, verletzt hatte. Als ich dies erzählte, tat mir das alles einfach so sehr leid, dass meine Familie, auch meine Kinder, unter der Situation so leiden mussten und dies teilweise auch heute noch tun. Das war sehr schwer für mich. Aber genau diese Folgen wurden ebenfalls in das Protokoll mit aufgenommen, da sie, laut Aussage von Frau M., sehr wichtig seien. Nicht nur die Situationen von damals waren hier bedeutsam, sondern ebenfalls alles, was sich daraus in meinem Leben entwickelt hatte, wie mein seelischer Zustand immer wieder gewesen ist, wie die Verdrängung immer wieder Schmerzen hervorgerufen hat, usw. So viele Dinge waren hier wichtig, was ich eigentlich nie gedacht hätte.

Zum Schluss wurde das gesamte Protokoll ausgedruckt, und ich las es mir nochmals durch. Es war sehr faszinierend, was hier dabei geschah. Mir wurde plötzlich etwas bewusst, was meinen vierzehnten Geburtstag betraf. Mein Stiefvater organisierte damals eine sehr große Geburtstagsparty mit vielen Menschen für mich und erfüllte mir damit einen großen Wunsch Mir war plötzlich klar, dass mein Stiefvater mich mit diesem Geburtstag ruhighalten wollte , also dass ich nichts über den großen Missbrauch, der kurz vorher passiert war, sagen würde. Ich war total baff, aber auch irgendwie sauer und wütend. Konnte das kaum glauben, und das kam nur hervor, weil ich dieses Protokoll gelesen hatte. So hatte ich wieder eine Information erhalten, mit der ich ein Thema abschließen konnte.
In fünf Stunden Vernehmung auf der Kriminalpolizei wurde ein 15-seitiges Protokoll erstellt. Ein Protokoll über sexuellen Missbrauch, über Gewalt, Misshandlungen und über seelische Schmerzen. Ich fühlte mich gut dabei. Ich verließ die Polizeistation mit einem Lächeln im Gesicht und fühlte mich in gewisser Weise ein wenig frei. Ich hatte es tatsächlich geschafft, und hätte mir das noch jemand vor zwei Monaten gesagt, dem hätte ich wohl einen Vogel gezeigt. Der Schritt dahin ging sehr schnell. Nun aber hieß es warten und sehen, was kommt!

Warum eine Anzeige nach all den Jahren?
Ich tat das für mich und meinen inneren Frieden. Es sollte eine Art Abschluss sein, ein Loslassen. Ich wollte ein Zeichen setzen, unter anderem für mich, aber auch für die beiden Täter. Ich wollte ihnen damit zeigen, dass sie zu weit gegangen sind, ihnen zeigen, dass ich weiß, was sie getan haben, ihnen bewusst machen, was sie getan haben, und dass ich dieses Mal die Stärke hatte zu sagen:
NEIN, nicht mit mir!!!!! Nie wieder!!!!! Ich habe nichts falsch gemacht!!!

02. April 2009

Noch habe ich nichts gehört, aber mittlerweile habe ich herausgefunden, wo sich mein Stiefvater aufhält. Ich habe irgendwann bei seinen Eltern angerufen, da ich noch wusste, wo sie wohnen. Er lebt nur 30 km weiter weg von uns, Ich habe die Adresse herausbekommen und an die Polizei weitergegeben, allerdings hatten sie sie jedoch auch gefunden. Den zweiten Täter konnte ich jedoch noch nicht ausfindig machen. Allerdings gibt es jemanden der Kontakt zu ihm hat, und diesen Jemand versuche ich bei Gelegenheit zu finden. Ich hatte ihn zu Weihnachten mal zufällig getroffen, und da sagte er mir, dass er Kontakt zu dem Täter hat. Also ist auch das herauszufinden, aber ich werde geduldig sein und abwarten, wie sich die ganze Sache weiterentwickelt.

August 2009

Jetzt sind wieder einige Monate vergangen, und es hat sich einiges getan. Meine Mutter hatte bereits ihre Zeugenvernehmung. Naja, sie hat natürlich gesagt, sie hätte nichts mitbekommen, wobei meine Erinnerungen mir hier etwas anderes sagen, aber egal. Die Kripobeamtin hat sich ihr eigenes Bild bei dieser Vernehmung gemacht. Es ging hauptsächlich um meine Mutter und ihre Geschichte mit meinem Stiefvater, also all die Schläge, und was sonst noch so alles passiert ist. Aber ich habe erfahren, dass sie auf mich nicht groß eingegangen ist, was ich schon von vorneherein vermutet hatte.
Unter anderem hatte auch die damals beste Freundin meiner Mutter ihre Zeugenvernehmung, da sie ebenfalls viel über meinen Stiefvater sagen konnte.
Aber die wichtigste Zeugenvernehmung war wohl die, dass mein Stiefvater mit dem konfrontiert wurde, was ich zur Anzeige gebracht hatte. Die Kripobeamtin erzählte mir seine Reaktion und wie er sich verhielt. Natürlich stritt er die ganze Sache ab, aber er hörte

sich sehr interessiert die Vorwürfe an und fragte auch des Öfteren nach. Ich bin wirklich gespannt, wie es weitergeht. Die Kripo machte ihm noch deutlich, dass er sich auf jeden Fall von mir und meiner Familie fernhalten muss.
Nun warte ich auf die nächsten Schritte.

April 2010

Meine Akte wurde der Staatsanwaltschaft übergeben!!

20. Mai 2010

Heute bekam ich Post von der Staatsanwaltschaft, aber was ich da lesen durfte, gefiel mir nicht. Es war nicht positiv. Die Ermittlungen gegen meinen Stiefvater und dessen Bekannten wurden mit folgender Begründung eingestellt:

In zwei Fällen durch meinen Stiefvater handelt es sich um schweren sexuellen Missbrauch. Laut der heutigen Gesetzgebung liegt die Verjährungsfrist hier bei zwanzig Jahren, und meine Anzeige liegt somit noch in dieser Frist. Allerdings gilt in diesem Fall die Gesetzgebung zum Zeitpunkt der Tat, und da lag die Verjährungsfrist bei nur zehn Jahre. Nun ist die ganze Sache also doch verjährt, nur weil es damals so im Gesetz stand. Das verstehe ich irgendwie nicht so ganz, denn es müsste doch das aktuelle Gesetz gelten, wenn ich eine Anzeige erstatte. Aber das letzte Wort ist noch nicht gesprochen. Ich habe jetzt einen Termin bei meiner Anwältin, und wir werden sehen, was wir tun können. Der Missbrauch durch den Bekannten ist ebenfalls verjährt. Ich sage nur: „Tolle Gesetzgebung." Bin mal gespannt, ob irgendwann auch mal an die Opfer gedacht wird. Die Täter können sich so nur in Sicherheit wiegen. Aber mir ist es wichtig, dass sie zur Vernehmung bei der Polizei waren und meinen Schritt, mit all meinen Vorwürfen konfrontiert zu werden, ertragen mussten. Aber anders wäre es mir doch lieber gewesen!

Februar 2012

Nachdem das Verfahren gegen meinen Stiefvater und den Bekannten eingestellt wurde, war die Enttäuschung nicht allzu groß, denn ich hatte ja mit diesem Ergebnis gerechnet, da ich mich schon eine ganze Zeitlang mit den Verjährungsfristen auseinandergesetzt hatte.

Natürlich muss ich zugeben, dass ich erst einmal wütend auf unsere Gesetzgebung war und auf die beiden Täter, da sie nun einfach so ihr Leben weiterleben können, als sei nie etwas passiert. Aber nach einiger Zeit war dies ok für mich. Ich begann, das Positive daran zu sehen, denn das Wichtigste für mich bei diesem Schritt war:

Beide Täter mussten sich dem Geschehen stellen. Sie mussten den Termin auf der Kripo wahrnehmen, mussten sich all die Vorwürfe anhören und das im Detail. Auch mussten sie diesen Termin ihren Familien erklären.

Natürlich stritten beide die Vorwürfe ab. Der „Bekannte“ schien vollkommen geschockt gewesen zu sein. Ihm glaube ich sogar, dass er sich nicht daran erinnerte, denn er war damals sehr alkoholisiert, was mir allerdings nichts nützte. Heute, zwei Jahre nach der Anzeige, kann ich sogar voller Stolz sagen:

Ich habe Herrn H., dem zweiten Täter verziehen, was er mir im Vollrausch angetan hat. Vergessen werde ich es nie, aber ich konnte verzeihen. Dies zu erreichen bedeutete eine Menge an therapeutischer Arbeit, eigener Stärke, Mut und Kraft. Aber ich schaffte es!!!

Leben!!!

Leben ist immer ein Stück Verzweiflung,
aber auch Hoffnung
für jeden neuen Tag.

Leben ist immer ein bisschen Leid,
aber auch Liebe, die dich findet.

Leben beinhaltet Traurigkeit,
aber auch Freude,
die deine Seele erhellt.

Leben ist immer ein bisschen Magie,
die uns den Weg zeigt
in eine verzauberte Welt.

Leben schließt die Sonne ein
und lässt Menschen tanzen,
die Glück empfinden.
Leben ist Liebe und Glück,
Akzeptanz und Mut.

Leben verbindet Menschen.
Leben heißt, ein bisschen zu träumen
und dem Ruf der Seele zu folgen.

Leben heißt, sich selbst zu suchen
und sich zu finden.
Raus aus dem Selbstmitleid,
rein ins Leben.

Leben - Du bist mein!!!! Danke

Folgende Kurzgeschichte ist ein Teil meines Lebens

Betreffend meine Vergangenheit und eine große Erfahrung während meiner Aufarbeitungsphase.

Am 2. August 2007 habe ich den zweiten Versuch unternommen, ein Bild mit Acrylfarben auf Leinwand zu malen. Es ist kein Kunstwerk, aber in dem Bild steckt eine ganz besondere Geschichte, die ich euch dazu erzählen will.

Die Bedeutung des Dreiecks

Sehe ich das Dreieck, denke ich an einen sehr lieben, wundervollen Menschen, an meine Atemtherapeutin Evelina.

Sie versuchte mir anhand eines Beispiels mein Bewusstsein und mein Unterbewusstsein zu erklären. Eine Erklärung, die ich wohl niemals vergessen werde, da sie so wahr ist, wie das Leben selbst,

eine Erklärung, die ich nur betätigen kann.
Sie sagte mir: „Stelle dir dein Bewusstsein wie ein Dreieck vor. Die Spitze des Dreiecks ist dein Bewusstsein. Der untere Teil des Dreiecks ist dein Unterbewusstsein. Hier ist alles gespeichert, was du verdrängt hast, was du nicht mehr weißt, all die Dinge, die zu deinem Schutz erst langsam von dem Unterbewusstsein freigegeben werden, wenn die Zeit dafür gekommen ist.

Es ist eine kurze Erklärung, die jedoch eine sehr große Bedeutung für mich hat. Mittlerweile habe ich das Dreieck in die andere Richtung gedreht. Mein Unterbewusstsein gibt immer mehr Einblicke, und ich merke, wie freier ich dabei werde. Heute steht das Dreieck bereits auf dem Kopf, die Spitze des Dreiecks ist nun mein Unterbewusstsein und der lange Teil mein Bewusstsein. Dadurch, dass nun so vieles in meinem Bewusstsein ist, ist jetzt die Zeit bekommen, in der ich die Vergangenheit tatsächlich bewältigt habe. Die Zeit, in der ich nun frei von dem Schmerz bin und glücklich leben kann, so, wie ich es mir immer gewünscht habe. Natürlich kann es immer mal wieder passieren, dass es einen kleinen Rückfall gibt, aber damit kann ich jetzt umgehen.

Die Bedeutung der Mohnblume

Ich erinnere mich daran, wie ich als Kind mit meinen Freundinnen in den Mohnblumenfeldern saß und wir oft dieses Spielchen spielten. Wir nannten es „Engelchen und Teufelchen". Wir öffneten immer die geschlossenen Knospen der Mohnblumen. Kam dann eine rote Mohnblume zum Vorschein, war man ein Teufelchen, kam eine weiße Mohnblume hervor, was immer sehr selten war, war man das Engelchen. Das machte stets viel Spaß.
Die Jahre vergingen, ich wurde erwachsen, und die Mohnblumen waren plötzlich nichts Besonderes mehr, bis zu jenem Tag.
Im Mai 2007 saß ich mit meinem Schwiegervater am Frühstücks-

tisch, und so, wie an jedem Morgen, las er seine Zeitung, und ich trank meinen Kaffee. Es war einer dieser Tage, an dem wir wieder über viele Dinge geredet haben. Ich weiß nicht wie wir darauf gekommen sind oder was der Auslöser für dieses Thema war, aber ich sagte zu ihm, dass ich es komisch fände, seit meiner Kindheit keine Mohnblumen mehr gesehen zu haben. Ich erzählte ihm von meinen Kindheitserinnerungen und in welchen Mengen diese Blumen da zu finden waren. Und jetzt? Alle weg. Ich fragte ihn, ob es überhaupt noch Mohnblumen gäbe, aber er hatte darauf leider keine Antwort für mich.
Drei Tage später fuhr ich mit meinem Mann zu Freunden. Wir saßen im Garten, und da sah ich sie. Ich sah eine einzelne Mohnblume. Es war keine der wilden Sorte, aber es war eine Mohnblume. Nach dem Gespräch mit meinem Schwiegervater konnte ich es kaum fassen, und erzählte dies voller Freude meinem Mann.
Es verging ca. eine Woche, und ich fuhr, wieder mit meinem Mann, in unserem Ort am Sportplatz vorbei. Am Straßenrand sah ich plötzlich unzählig viele Mohnblumen. Ich habe einen Schrei losgelassen und habe aus dem Auto zurückgeschaut, weil ich es nicht glauben konnte. Mein Mann hatte sich ein wenig erschrocken und fragte, was denn nun los sei, doch als ich ihm den Grund für meinen Aufschrei nannte, grinste er mich an. Für ihn waren es wahrscheinlich nur Blumen, also nichts Besonderes. Ist ja auch verständlich.

In dieser Zeit passierte sehr viel. Mein Schwiegervater war sehr krank, und einige Tage später, am Vatertag dieses Jahres, starb er an seiner schweren Krankheit, nur zwei Wochen nach unserem Gespräch über die Mohnblumen.

Fünf Tage nach seinem Tod hatte ich glücklicherweise einen Termin bei meinem Therapeuten. Mit dem Auto war ich ca. eine Dreiviertelstunde unterwegs. Als ich von der Autobahn runterfuhr, ging es noch eine ganze Weile die Landstraße entlang, und das, was ich jetzt erzähle, ist für mich eine Art Wunder, eine Erfahrung, die ich niemals mehr vergessen werde. Die Gefühle, die dabei in mir aufwallten, waren nicht zu beschreiben.

Ich sah plötzlich überall am Straßenrand Mohnblumen, immer wieder ganz viele auf einmal. Ich konnte mich nicht sattsehen. Ich glaube, nach dem vierten „Mohnblumenfeld“ begann ich während der Fahrt im Auto so sehr zu weinen, dass ich kurz anhalten musste. Ich war überwältigt und wusste nicht, warum. Die Erklärung hierfür bekam ich später dann von meinem Therapeuten.

Er sagte mir:
Mohnblumen hat es immer gegeben, in einem Jahr mehr, im anderen vielleicht weniger, aber sie waren immer da. Durch deine verletzte Seele und deine verdrängten Gefühle hast du sie nur nicht mehr wahrgenommen. Du hast sie nicht mehr gesehen. Sie haben für dich nicht mehr existiert. Dass du sie nun wieder bemerkst und diese Erfahrung machen durftest, hat damit zu tun, dass deine Gefühle zurückkommen. Du bist auf dem besten Weg und hast sehr vieles erreicht.

Nach der Therapiestunde hielt ich am Wegesrand, stieg aus, ging zu den Blumen und öffnete vorsichtig eine der Knospen, so wie früher als Kind. Ich war ein Teufelchen!

Die Bedeutung des Baumes:

Der Baum hat keine besondere Bedeutung. ich hatte mir nur vorgestellt, einen alten Baum zu malen. Er erinnert mich allerding an einen sehr besonderen Film. „MY GIRL“. Die Tochter eines Bestattungsunternehmers kämpft mit der Erfahrung „Tod“. Sie verliert ihren besten Freund durch einen Unfall und schreibt ein wundervolles Gedicht an eine Trauerweide, den Baum, den die beiden als Kletterbaum verwendet hatten.

Trauerweide

Ich spür die Wärme eines Sommertages,
der Himmel so wundervoll in Blau,
das Gras in sattem Grün.
Schritt für Schritt
komm ich dir entgegen.

Entlang des Weges
so viele Gedanken,
so viele Worte in meinem Kopf.
Der steinige Weg wird kürzer,
und ich sehe dich näherkommen.
Links neben mir
der blaue See, in dem du dich spiegelst.

Angekommen!!!
Ich berühre deine Blätter.

Trauerweide, Trauerweide,
spürst du mich?
Spürst du den alten Schmerz in mir?
Bitte nimm ihn weg!
Ich danke dir!

Trauerweide, Trauerweide,
siehst du mich?
Siehst du meine leisen Tränen?
Bitte nimm sie weg!
Ich danke dir!

Trauerweide, Trauerweide,
verstehst du mich?
Erkennst du meinen Mut?
Bitte stütze mich.
Ich danke dir!

Du stehst am See
so still und leise,
für mich ein Ort, so friedvoll und so weise.
Du wirkst so voller Trauer,
doch trügt das Bildnis wie ein Schauer.

Trauerweide, Trauerweide,
du bist mein Halt,
mit dir wird es niemals kalt
in dieser Welt.
Dein Blätterkleid hängt traurig runter,
doch dient es nur als Schutz vor Trauer.
Weil du mir heut so wichtig bist,
gebe ich dir den letzten Rest,
den Rest von Schmerz,
den Rest von Leid
und alles unter dein Kleid.

Trauerweide, Trauerweide,
verstehst du mich?
An deiner Seite
stehe ich,
an deiner Seite
lebe ich,
an deiner Seite
lerne ich,

an deiner Seite
hol ich Kraft.

Trauerweide, Trauerweide,
siehst du das?
Mit Zuversicht und großer Hoffnung
lege ich zwei Rosen nun ins Wasser.
Eine in Weiß und eine in Rot,
eine für Unschuld und eine für „Tod".

Trauerweide, Trauerweide,
ich begrabe dort
an diesem wundervollen Ort
eine Zeit voll Leid und Schmerz
und das alles noch im Hier und Jetzt!
Ich gebe frei die kleine Seele,
die so viel ertragen an Befehlen.

Trauerweide, Trauerweide,
ich vertraue sie dir an,
weil ich es nicht mehr kann.
Kleine Seele ruhe sanft und wohl,
in meinem Herzen bist du ewig, jawohl.

Trauerweide, Trauerweide,
ich bin zuhause angekommen,
ich lebe,
ich liebe,
Ich bin …

Danke!!!!

Gedankenwelten

Achtsamkeit

In all der Hektik des Alltags vergessen wir häufig unsere Achtsamkeit. Wir leben so dahin und achten dabei nicht auf die Symptome des Stresses. Täglich sollten wir achtsam unseren Körper wahrnehmen, sollten Achtsamkeit in unser Leben integrieren. Achtsamkeit uns gegenüber stärkt unser Selbstbewusstsein, lässt unsere Gefühle wachsen und unsere Gedanken frei werden.

Tage wie dieser

An manchen Tagen kommt es vor, dass bestimmte Worte und Gesten von anderen Menschen uns nach unten ziehen. Wir spüren die Energie und reagieren vielleicht übersensibel. Dann entsteht dieses Gedankenkarussell, und wir führen diesen innerlichen Kampf.
Dann liegt es an uns selbst, was wir daraus machen. Wollen wir leiden, uns selbst bemitleiden, oder wollen wir standhaft dem Problem gegenübertreten und die Verantwortung dafür übernehmen?
Ich möchte dem Problem ins Gesicht schauen und mir sagen: „Ich schaffe das, ich lasse mich nicht runterziehen, denn ich bin viel mehr, als dieses Problem. Ich bin ich, und ich habe Selbstbewusstsein. Ich kann das Problem lösen und mir die schönen Gefühle wieder herholen. Ich bin gestolpert und wieder aufgestanden, so soll es sein!!!!!!"

Opfer der Vergangenheit

Häufig fühlen wir uns als Opfer unserer Vergangenheit, bis uns eines Tages bewusst wird, dass wir unser Leben selbst in der Hand haben und in die richtige Richtung und Bahn lenken können. Wenn dieses Bewusstsein erst einmal erreicht ist, wächst auch unser Selbstbewusstsein. Dann spüren wir plötzlich eine Stärke in uns, die wir so nie wahrgenommen haben.
Aus dem Opfer wird ein Kämpfer oder eine Kämpferin, die niemals aufgibt, die unbewusst immer an die eigenen Fähigkeiten geglaubt

hat. Ängste und Traurigkeit verfliegen, und das wundervolle Gefühl der Hoffnung lässt uns nach vorne blicken!!!
Bist du auch ein Kämpfer, eine Kämpferin??????????

Träume

Jeder Mensch auf dieser Erde hat Träume. Träume, die uns in eine Welt fernab der Realität entführen, Träume die wir in unser Leben integrieren können, wenn wir nur genug an deren Verwirklichung glauben. Oft hegen wir Zweifel daran, ob wir unsere geheimsten Träume realisieren können, ob wir überhaupt in der Lage dazu sind, unsere Träume zu leben. Viele Menschen belassen es beim Träumen, weil sie zu viel Angst und Zweifel vor dem ersten Schritt haben. Aber ist es nicht so, wenn wir es nicht versuchen, dann werden wir niemals wissen, ob es vielleicht geklappt hätte. Deshalb sollten wir darum kämpfen, unsere Träume zu verwirklichen, den ersten Schritt wagen und einfach abwarten, was sich daraufhin tut. Was kann schon passieren? Selbst wenn der Traum wie eine Seifenblase zerplatzt, kann ich voller Stolz sagen: „Ich habe es zumindest versucht!" Ein jeder Traum ist es wert, gelebt zu werden! Also lasst es uns versuchen!!!!

Glück

In vielen Momenten und Augenblicken erleben wir Glück als etwas Friedvolles, das unser Leben prägt. Das Glück, Menschen zu treffen, die an unserer Seite kämpfen. Das Glück, einen Job zu haben, der uns Freude bereitet und das Glück der Gesundheit und Zufriedenheit. Auch wenn wir dieses Glück in manchen Momenten nicht spüren, so ist es doch in uns.
Auch in Augenblicken der Verzweiflung und Traurigkeit steht das Glück immer hinter uns und wartet nur darauf, dass wir es wieder hervorholen, denn es verlässt uns niemals für immer.

Unser Herz

Ein Mensch ist so stark wie das Herz, das in ihm schlägt. Ein Herz kann gebrochen werden und dennoch weiter leben, weil es gelernt hat Leid zu ertragen. Ein Herz kann vor Freude springen, weil es gelernt hat zu lachen.

Im Herzen spüren wir eine Vielzahl an Gefühlen. Gefühle, die unser Herz in Stücke reißt und Gefühle die das Herz lachen lassen.

Manchmal sollten wir einfach unseren Verstand ausschalten und häufiger auf unser Herz hören, was es uns zu sagen hat, denn dann wären wir mit vielen Entscheidungen vielleicht glücklicher. Natürlich sind auch Entscheidungen wichtig, wo wir unseren Verstand einsetzen sollten, dennoch sind Herzensangelegenheiten sehr wichtig für unser tägliches Handeln.

Wenn das Herz lacht, ist auch der Mensch fröhlich!!!!!! Also lasst uns öfter mal auf die Stimme unseres Herzens hören, es wird uns den richtigen Weg zeigen!!!!

Momente

Erlebe jeden einzelnen Moment in deinem Leben als etwas Besonderes und begegne ihm mit großer Achtsamkeit. Lebe und genieße jeden Moment, und erlaube dir, diese Augenblicke als deine ganz persönlichen und eigenen zu sehen, denn sie gehören dir ganz alleine. Jeder Moment zeigt dir ein Stück deiner selbst, zeigt dir Kraft, Stärke und Hoffnung, aber auch Schmerz, Traurigkeit oder Wut. Nimm jeden Augenblick an und lebe mit ihm, denn jeder einzelne bedeutet auch Erfahrung für uns selbst. Lebe jeden stets im Hier und Jetzt und akzeptiere, dass er da ist, denn nur wenn wir all dies annehmen, werden wir unser Glück finden.

Frieden schliessen

In den vergangenen Jahren habe ich so oft gehört, wie wichtig es ist, Frieden mit seiner Vergangenheit zu schließen. Niemals hätte ich

gedacht, dass dies tatsächlich möglich ist. Heute weiß ich, „Frieden schließen“ ist das Wichtigste überhaupt.
Wenn unsere Seele noch immer voller Wut, Hass und Traurigkeit ist, werden wir nie diesen inneren Frieden spüren. Wir werden Gefangene unseres Selbst sein und noch mehr Hass und Wut anziehen. Der Weg hier aus diesen negativen Gefühlen ist allerdings sehr steinig und kostet eine Menge an Kraft und Stärke. All diese negativen Gedanken zu meiner Vergangenheit, das Selbstmitleid und die unendliche Traurigkeit sorgten immer wieder dafür, dass meine Seele noch mehr Schmerz erlebte.
Wie ich mich daraus befreite?
Ich denke, ich habe dies mit einer Kombination aus intensiver Therapie, eisernem Willen und unendlichem Kampfgeist geschafft. Nach vielen Jahren seelischer Schmerzen möchte ich einfach nur endlich leben, habe erkannt, dass nur ich diesen Zustand ändern kann, dass nur ich allein das Glück in mein Leben einziehen lassen kann. Und wenn Glück und Zufriedenheit einkehren, dann spüre ich auch den inneren Frieden in mir.
Weil ich niemals aufgegeben habe, weil ich immer weiter gekämpft habe, kann ich heute Frieden schließen mit meiner Vergangenheit. Vergessen werde ich das Geschehene dennoch nie. In Friede zu leben, ist eine besondere Wärme, die auf der Seele zu spüren ist. Das Wichtigste, um an diesen Punkt zu gelangen, ist das Kämpfen und die Stärke, niemals aufzugeben.
Ich habe es erlebt. Es funktioniert!

Der Glaube an mich

Kennt ihr das Gefühl, wenn man den Glauben an sich selbst verloren hat? Nichts scheint mehr zu funktionieren, das Selbstbewusstsein ist im Keller, und die Gedanken drehen sich nur noch um die Dinge, die wir nicht schaffen und die nicht funktionieren.
Dabei ist der Glaube an uns selbst so wichtig im Leben. Er hilft uns, positiv in die Zukunft zu blicken und ausgelassen im Hier und Jetzt

zu leben. Der Glaube an uns selbst gibt uns das wundervolle Gefühl „Hoffnung“. Wenn wir an uns glauben, sind wir zu allem fähig. Durch den Glauben an uns selbst können sich Wünsche und Träume erfüllen. Das sollten wir uns immer bewusst machen, vor allem in den Momenten, in denen es uns schwerfällt, zu glauben.
Jeder von uns kann an sich selbst glauben, lasst es einfach zu.

Veränderungen

Täglich sind wir Menschen mit Veränderungen konfrontiert. Veränderungen im Berufsleben, im persönlichen Umfeld, in der Familie und in allen Bereichen des Lebens, jedoch fällt es vielen Menschen schwer, mit Veränderungen umzugehen. Wir halten häufig an alten Gewohnheiten fest, da wir mit ihnen besser zurechtkommen, weil sie bekannt und geläufig sind. Oft sind Veränderungen jedoch nicht aufzuhalten, und dann sollten wir versuchen, mit der Veränderung mitzugehen. Wir werden uns auch daran wieder gewöhnen.
Manches Mal müssen wir auch Veränderungen vornehmen, um aus alten Mustern auszubrechen, um weitere Entwicklungsschritte gehen zu können.
Der Ausbruch aus alten Mustern ist ein harter Prozess, und häufig ist es uns nur dann möglich, wenn wir die Erkenntnis hierüber erlangen und wenn die Dinge in unser Bewusstsein treten. Erst dann wird uns klar werden, dass wir manche Dinge verändern müssen, um im Leben weiterzukommen. Wenn wir nicht ab und zu eine Veränderung wagen, werden wir immer auf der Stelle treten. Wir werden unzufrieden mit uns und den Situationen. Manchmal reicht schon eine kleine Veränderung, um etwas Großes zu erreichen.
Hast du dir schon Gedanken darüber gemacht, was du auch an Kleinigkeiten für dich verändern kannst?

Bedürfnisse

Wenn du erst einmal damit beginnst, deine Bedürfnisse und Wün-

sche zu äußern, wirst du feststellen, wie viel einfacher das Leben scheint.
Bedürfnisse zu äußern hilft deiner verletzten Seele, sich von alten Mustern zu befreien!
BEGINNE JETZT!!!!

Bedürfnisse zu äußern hilft dem Menschen aus dem Strudel der Machtlosigkeit zu entfliehen.

Die eigenen Bedürfnisse wahr zunehmen ist der erste Schritt in ein Leben, in dem deine Wünsche beachtet werden.
Die eigenen Bedürfnisse zu äußern ist der erste Schritt in ein Leben, in dem du mutig nach vorne blickst.

Die eigenen Bedürfnisse zu leben ist der erste Schritt in ein Leben, in dem du von den alten Fesseln der Vergangenheit befreit sein kannst.

BEDÜRFNISSE
Nimm sie wahr
Äußere sie
Achte sie
Und dann: LEBE

Vorbilder

Vorbilder begleiten uns eigentlich schon unser gesamtes Leben lang. Als Kinder schwärmten wir für unsere Stars, wollten wie diese sein, denn die Vorbilder schienen perfekt. Aber auch als Erwachsenen haben wir Ideale, zu denen wir aufsehen. Diese können die eigenen Eltern sein, Stars und Sternchen, Künstler aber auch Freunde.

Manchmal denke ich, sollten wir nicht unser eigenes Vorbild sein? Sollten wir nicht zu uns selbst aufsehen und uns bewusst machen, was wir in unserem Leben schon alles erreicht, was wir gemeistert,

was wir ertragen und geopfert haben?
Ich stelle fest, dass dies alles ein Grund ist, um uns selbst als Vorbild zu sehen. Ich sehe mit stolz auf mich und wünsche mir, genauso zu sein, wie ich bereits bin, denn dann ich lasse mich durch nichts und niemanden mehr ändern. Ich bin ich und somit mein eigenes Vorbild.
Habt ihr euch schon Gedanken über euer Vorbild gemacht?

Hier und jetzt

Von allen Seiten hören wir heutzutage, wie wichtig es ist, im Hier und Jetzt zu leben, den Fokus auf die Gegenwart zu richten. In den letzten Jahren, während meiner Akutphase, lebte ich mehr in der Vergangenheit, die mein Leben bestimmte. Dies ließ mich häufig tief fallen, und oft bemerkte ich selbst nicht, wie sehr ich mir eigentlich selbst schadete. Da die Vergangenheit mein Leben bestimmte, war auch die Zukunft mit Sorgen und Ängsten geprägt.
Nach und nach, im Laufe der letzten Jahre, wurde mir immer bewusster, wie wichtig es ist, in der Gegenwart zu bleiben. Die Gedanken und auch Gefühle auf das Hier und Jetzt zu projizieren.
Therapie, Imagination, Meditation und bewusstes Lenken der Gedanken halfen mir, das Hier und Jetzt wahrzunehmen. Erfahrungen und Erlebnisse ließen mich immer mehr in der Gegenwart leben. Die Vergangenheit rückte stetig weiter in den Hintergrund, und das Hier und Jetzt eroberte mein Leben.
Seitdem versuche ich täglich, im „Jetzt“ zu sein. Mein Dasein wird dadurch sehr bereichert, und ich beginne endlich zu leben.

Freundschaften

Neben der Familie ist Freundschaft das höchste Gut, was wir Menschen besitzen. Ohne Freundschaften wäre unser Leben doch nur zur Hälfte lebenswert. Jedoch passiert es, dass man sich von Freunden entfernt, dass Freunde sich lösen oder sogar zu Feinden werden.

Wenn Menschen tief in einer Krise stecken, Hilfe von außen benötigen oder sich sozial zurückziehen, lernen sie häufig die wahren Freunde kennen. Dann zeigt sich, wer trotz allem hinter dir steht, wer dich akzeptiert, anerkennt, und liebt. Wenn liebevolle Worte von Freundschaft geprägt sind, dann geht es den Menschen besser. Man kann und darf sein, wer man wirklich ist. Freundschaft bedeutet Liebe auf beiden Seiten und nicht Zweifel oder Verleugnung.
Während meiner Krise musste ich einige Verluste von Freunden und Bekannten in Kauf nehmen, da viele nicht an mich glaubten oder mich sogar aufgrund meiner Erkrankung als minderwertigen Menschen sahen. Heute ist dies für mich vollkommen in Ordnung, denn diese Menschen haben mich kurze Zeit auf meinem Weg begleitet und haben es leider nicht in meine Zukunft geschafft. Sie haben mein Leben aber ebenso geprägt wie die Menschen, die in meinem Leben geblieben sind oder sogar dazugekommen sind. Um jede Erfahrung bin ich überaus dankbar.

Geduld

Geduld ist eine besondere Gabe, die uns Menschen häufig sehr schwerfällt. Oft müssen wir geduldig sein, wenn wir auf etwas warten.
Geduld ist gefragt, wenn wir auf die Erfüllung unserer Träume warten, und sie fordert uns immer wieder heraus.
Mir wurde oft gesagt: „Sei geduldig, alles braucht seine Zeit.“ Ich habe diese Worte verflucht und sogar gehasst, denn ich wollte mich nicht mehr gedulden. Ich wollte nicht mehr auf Besserung warten, es sollte schneller gehen, denn schließlich hatte ich lange genug gewartet. Geduld ist oftmals mit viel innerer Spannung verbunden, so dachte ich.
Heute ist dies anders. Ich habe erkannt und erfahren, dass dieses Gefühl manchmal unausweichlich ist. Das uns Geduld hilft, Erfahrungen zu sammeln.
Geduldig zu sein hilft uns, das Warten zu lernen, zu erfahren, dass

Zeit uns dabei hilft, alte Wunden zu schließen, oder dass wir warten dürfen, bis wir unsere Träume leben können.
Von nun an bin ich geduldig und warte auf den richtigen Zeitpunkt in jeglicher Hinsicht, denn ich weiß, dieser wird kommen.

Nicht allein sonndern gemeinsam

Traurigkeit, Verzweiflung, Hoffnungslosigkeit, Depression, innerliche Kämpfe und Wut. All das sind Gefühle, die den Menschen Schmerzen bereiten. Viele glauben, sie müssen viele Dinge alleine lösen.
Jedoch müssen wir nicht alles allein schaffen. Es ist in Ordnung, sich Hilfe zu holen.
Familie, Freunde, Ärzte, und Therapeuten sind Menschen, die gemeinsam mit und für uns kämpfen.
Sie hören uns zu, wenn wir den Glauben an uns selbst verloren haben.
Sie sprechen mit uns, wenn wir alle Worte vergessen haben.
Sie halten uns, wenn wir jeden Halt verloren haben.
Sie glauben an uns, wenn wir es nicht mehr tun.
Sie helfen uns wieder auf die Beine, wenn wir gefallen sind
und geben uns Hoffnung, wenn alles dunkel ist.
Gerade deshalb habe ich beschlossen, nicht mehr allein durch die Dunkelheit zu gehen.
Denn gemeinsam findet man das Licht am Ende des Tunnels.

Grenzen

Grenzen begegnen uns immer wieder in unserem Leben. Manches Mal beschützen sie uns, indem wir anderen Menschen diese aufzeigen. Jeder hat seinen eigenen Grenzbereich, den wir nicht durchbrechen sollten. Hier geht es vor allem um körperliche Nähe bei fremden Menschen. Auch in der verbalen Sprache sollten die per-

sönlichen Grenzen eines jeden Menschen eingehalten werden.. Es ist aber auch wichtig, Grenzen zu setzen, um gelassen und freundlich mit Situationen umzugehen. Werden sie überschritten, kann dies auch mein persönliches Verhalten beeinflussen.
Ich sollte mir immer meiner Grenzen bewusst sein und diese auch bei anderen Menschen akzeptieren. Denn nur wenn wir dies tun, können wir friedlich mit unseren Mitmenschen leben.
Eine Grenze ist nichts Anderes, als ein STOPP!!!
STOP sagen!
NEIN sagen!
Dies ist bei vielen Menschen jedoch ein Lernprozess über viele Jahre hinaus. Wenn es uns jedoch gelingt, dann können wir zu uns selbst stehen und achtsam mit uns umgehen.

In jedem Moment

In jedem Moment atme ich bewusst.
In jedem Moment erlebe ich meine Achtsamkeit.
In jedem Moment finde ich innere Ruhe und folge meinem Glück.
In jedem Moment spüre ich Kraft, die mein Körper entwickelt.
In jedem Moment sehen meine Augen Neues, das ich wahrnehme.
In jedem Moment kann ich an Wunder glauben.
In jedem Moment kann ich meine Träume leben.
In jedem Moment finde ich mich selbst und lebe bewusst mein Leben.
In jedem Moment fühle ich Gedanken, die mein Leben steuern.
In jedem Moment steckt eine Portion Mut, ein Stück Fröhlichkeit und Stärke.
In jedem Moment erlebe ich Gefühle, die wie Wellen tanzen.
In jedem Moment steckt Liebe, Liebe zum Leben, Liebe zu Menschen.
In jedem Moment höre ich die Stimme meiner Seele, die zu mir spricht.
In jedem Moment achte ich auf mich und meine Gefühle,
In jedem Moment lebe ich mein Leben voller Rücksicht
Denn dieses Leben gehört mir!

Neue Wege

Bisher war ich auf meinen alten Wegen unterwegs,
ging über Schotter,
überwand große Steine,
manche waren so groß, dass ich kaum daran vorbeikam.

Mein Weg war versperrt,
und ich stand an der Abzweigung meines Lebens.
Ich wollte den alten Weg verlassen,
er wurde mir zu anstrengend,
all die Steine, all der Schotter
hinderten mich am Weiterkommen.

So entschied ich mich für einen anderen Weg.
Mutig machte ich mich auf, diesen zu gehen.
Ein Weg voller Zuversicht und Hoffnung.
Schnell bemerkte ich, wie schön dieser neue Weg ist.
Die Steine wurden kleiner und waren stellenweise sogar verschwunden.
Anstatt auf Schotter ging ich plötzlich auf der Erde
und konnte diese Energie fühlen.

Neue Wege bedeuten Veränderung,
neue Wege erfordern Mut und Stärke,
neue Wege helfen uns, Altes loszulassen.
Ich gehe meinen neuen Weg nun voller Stolz
und lebe auf dem neuen Weg.
Voller Zuversicht schaue ich ihm entgegen
und bin dankbar, dass ich die Abzweigung gefunden habe.

Wenn Menschen in alten Wegen feststecken,
dann rate ich ihnen, neue Wege einzuschlagen.

Egal wie schwer diese Veränderung auch ist,
es lohnt sich und die Menschen werden erfahren,
zu was „neue Wege" fähig sind.

Versucht es!!!!!!

Die Welle

Manchmal fühlt sich das Leben an
wie eine Welle auf dem offenen Meer.
Einmal erhebt sie sich aus dem Wasser
das Leben verliert sich darin und hat keine Chance daraus zu entkommen.
Es schlägt um sich
und kann sich nur mit Mühe an der Oberfläche halten.
Die Wellen gleichen großen Tsunamis,
die vieles zerstören können.

Jedoch sind da auch die Wellen,
die sanft durch das Wasser gleiten.
Sie zeigen uns Geborgenheit und Sicherheit
und führen uns hin zum Leben.

Erinnerungen

Erinnerungen sind oft wie Steine auf unserem Weg.
Sie zeigen uns das Leben, das wir bisher gelebt haben.
Häufig sitzen Erinnerungen so tief in unserem Gedächtnis, dass wir manches Mal Mühe haben, sie loszulassen.
Meist sind dies die schmerzhaften Erinnerungen.
Aber warum setzen sich gerade diese Erinnerungen so in unserem Gedächtnis ab?
Diese Frage stellte ich mir so einige Male!
Wahrscheinlich geschieht dies gerade deshalb, weil unser Schmerzgedächtnis sehr ausgeprägt ist.
Aber genau aus diesem Grund sollten wir uns häufiger mit unseren positiven Erinnerungen befassen.
Auch wenn die schmerzenden Erinnerungen überhandnehmen, ist die Konzentration auf die positiven und schönen Erinnerungen von Vorteil.
Man kann sich Gefühle und Gedanken der Situation erneut ins Gedächtnis rufen und somit den negativen Erinnerungen keinen Raum geben.
Dies erfordert etwas Übung, aber es funktioniert!

Ich würde euch dazu gerne ein Beispiel aufzeigen:
Für mich ist ein Delfin, seit ich denken kann, etwas ganz Besonderes, und vor allem ist er mein Krafttier. Als ich eine junge Frau im Alter von 23 Jahren war, hatte ich die Chance, einen Delfin zu streicheln. Diesen Moment, dieses Gefühl werde ich niemals vergessen. Wenn es mir die letzten Jahre schlecht ging, war dies immer die Erinnerung, die ich mir hervorholte. Nach etwas Übung war es mir möglich, die Gefühle jenes Moments aufzurufen, und die negative Erinnerung rückte für den Augenblick in den Hintergrund.
Das war eine tolle Sache.

Also versucht immer wieder an den schönen Erinnerungen festzuhalten. Sie sind das Pflaster für deine Seele.

Die Natur

Manchmal haben wir Menschen Phasen in unserem Leben, da wollen wir keine Natur. Da wollen wir uns zuhause verkriechen, die Decke über den Kopf ziehen und darauf hoffen, dass unsere Stimmung von alleine besser wird oder unsere Probleme sich in Luft auflösen.
Aber ist das möglich?
Ich denke, jeder von uns kennt bereits die Antwort.

Wir müssen selbst die Ärmel hochkrempeln, daran arbeiten und die ersten Schritte tun, wenn wir unser Seelenheil, unseren Seelenfrieden wiederfinden wollen.
Es gibt da diesen schönen Spruch: Die Natur ist der beste Therapeut!
Ich finde, nirgendwo auf dieser Welt gibt es so schöne Dinge zu sehen, als in der freien Natur.
Im Morgengrauen das Zwitschern der Vögel, die Blumen auf den Wiesen, die Wälder, Meere und Berge dieser Welt.

Die Sonne genießen, den Wind auf der Haut spüren, im Regen tanzen, Faszination Gewitter, samt Wetterleuchten erleben und Schneeflocken einfangen.
Ich merke immer wieder, wie gut mir die Natur tut.
Ein Spaziergang an einem schönen Tag, eine Walkingrunde durch den Wald oder einfach nur draußen zu sitzen, all das sind Dinge, die meine Seele strahlen lassen.
Viel öfter sollten wir die herrliche Natur genießen.

Na, heute schon draußen gewesen?

„Passt schon“

Jahrelang war „passt schon“ meine Standartantwort auf die Frage: „Wie geht’s dir?“

Aber was sagt dieses „passt schon“ eigentlich aus?
In meinen Augen ist es eher sehr negativ behaftet.
„passt schon“ heißt doch eher: „Naja, könnte besser sein.“ oder“ War schon mal besser!“

Man muss wirklich aufpassen, dass dieses „passt schon“ nicht zur Gewohnheit wird. Nachdem ich bemerkte, bewusst bemerkte, wie häufig ich dieses „passt schon“ verwendete, dachte ich mir eines Tages, das muss ich ändern.
Also achtete ich bewusst auf die Frage meiner Mitmenschen: „Wie geht's dir?“. Ich versuchte, wahrheitsgemäß zu antworten und zwar mit diesen Aussagen: „Ja, es geht mir gut.“ oder „ Mir geht's nicht gut.“
Das war vielleicht eine heikle Aufgabe.
Immer wieder rutschte mir dennoch dieses „passt schon“ raus.

Heute, einige Jahre später hab ich das „passt schon“ aus meinem Wortschatz verbannt, denn es ist so wichtig, positiv zu denken und auch positive Argumente zu verwenden.

Und? Wie geht es dir heute?

Wenn ihr noch mehr in meine Gedankenwelten eintauchen wollt, dann besucht doch meine Facebook-Seite.
https://www.facebook.com/pages/Franziska-Gedanken-und-Kreativwelt/494303747272406

Nachwort

Ich hoffe, ich konnte euch die Borderline-Störung ein bisschen erklären und durch meine Erfahrungen nahebringen.
Ich lebe nun seit fünf Jahren mit dieser Diagnose und kann durch meine intensive ambulante Therapie und durch mehrere stationäre Klinikaufenthalte eine fühlbare Besserung der Symptome feststellen. Die seelischen Schmerzen sind deutlich weniger geworden, und ich habe durch viele Arten der Selbsthilfe gelernt, anders mit schmerzlichen Gefühlen und Gedanken umzugehen. Ich konnte meinen Selbstwert aufbessern, mein Selbstbewusstsein stärken und negative Verhaltensweisen ablegen.
Heute kann ich mit Stolz sagen, ich sehe das Leben erstmals seit vielen Jahren als lebenswert und hilfreich. Hilfreich in dieser Hinsicht, dass ich durch meine Rückschritte lernen darf, dass ich daraus noch stärker hervorgehe, da ich endlich bewusst wahrnehmen kann, was bestimmte Auslöser sind. Und nur durch das bewusste Wahrnehmen kann ich daran arbeiten und weiter vorankommen. Es war ein wirklich schwerer und harter Prozess zu durchlaufen, aber ich habe ihn geschafft. Viele Situationen meines Lebens, viele Therapiestunden waren geprägt von Zusammenbrüchen, von Weinanfällen, Traurigkeit, Wut und seelischem Schmerz, aber heute kann ich sagen: „Ich habe es überlebt“ und lebe endlich.

Mit diesem Buch möchte ich vielen Betroffenen Mut machen, dass sie niemals aufgeben sollen, an ihrem Glauben festzuhalten, denn nur durch unseren Glauben erfahren wir die Stärke, die in uns steckt. Auch ich war in meiner Aufarbeitung häufig an einem Punkt angelangt, an dem ich am liebsten aufgegeben hätte, aber ich tat es nicht. Ich hatte hier auch den Halt meiner Familie, aber ich bin davon überzeugt, dass Menschen, die allein leben, diesen Weg der Heilung ebenfalls gehen und beschreiten können.

Wenn ich meine Entwicklung so verfolge, dann sehe ich noch im-

mer dieses kleine, schüchterne Mauerblümchen vor mir, das ich vor vielen Jahren einmal war, doch dieses Mauerblümchen hat sich zu einer selbstständigen und authentischen Person entwickelt, die offen mit ihrer Geschichte umgeht.
Natürlich gibt es auch bei mir noch kleine Rückfälle, aber diese sind deutlich weniger geworden und dauern nicht mehr so lange an. Oft sind es einfach nur schlechte Tage, die jeder gesunde Mensch ebenfalls hat. Auch das musste ich lernen, dass dies normal ist, denn in mir kam immer sofort die Angst hoch, wieder in eine depressive Phase zu geraten, dabei war/ist es nur ein schlechter Tag.

Allen Betroffenen möchte ich nochmals deutlich sagen: „Kämpft für euer Leben, denn wer kämpft, kann zwar verlieren, aber wer nicht kämpft, hat bereits schon verloren!!!!!

Eure Franziska

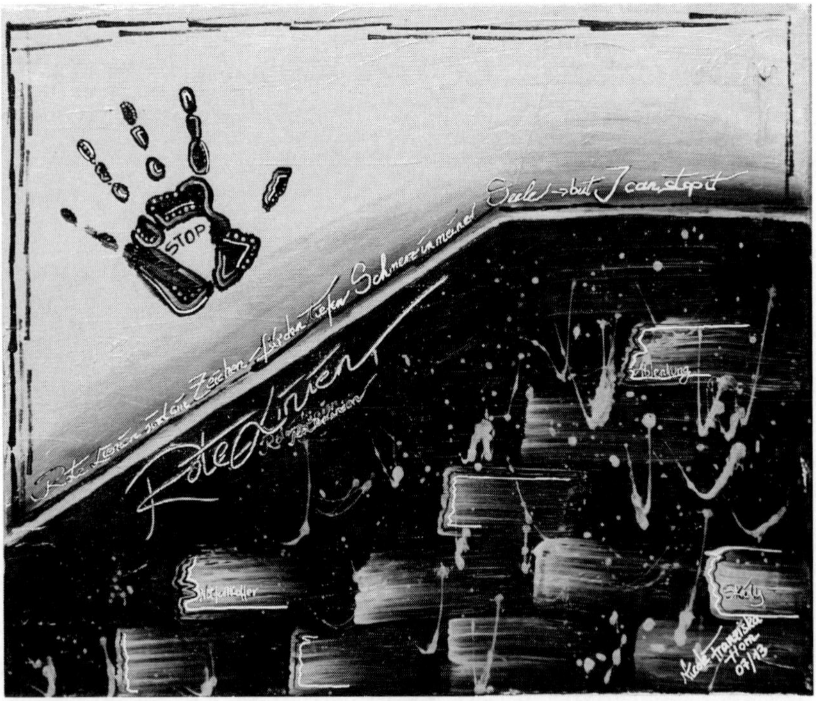

Klang der Musik

Der Klang der Musik
erreicht mein Herz,
mein Herz erreicht meine Seele
und zaubert Gefühle der Hoffnung hinein.

Ich spüre den Rhythmus,
möchte tanzen ins Glück,
frei wie ein Vogel der Lüfte.
Ich höre die Melodie,
möchte singen ein Lied der Freude,
so wie der Kolibri auf dem Baume.

Ich beachte den Text der Musik,
meine Hände zittern,
ich habe Gänsehaut
und fühle die Worte, als betreffen sie mich.

Worte der Liebe,
Worte der Hoffnung, der Kraft und Stärke.
Mein Herz springt,
meine Seele leuchtet
durch den Klang der Musik.

Die Musik wird leiser,
das Lied erlischt,
Gefühle der Hoffnung bleiben zurück.
Gefühle der Musik
projiziere ich auf mein Leben.

Musik hat die Kraft
und macht so vieles möglich.
Der Klang der Musik
bleibt in meinem Herzen
und erfreut meine Seele.

Danke

An dieser Stelle möchte ich einigen Menschen danken, die mich auf meinem Weg durch gute und schlechte Zeiten begleitet haben.

Meine Familie, die vieles während meiner Aufarbeitung durchstehen musste und mich niemals aufgegeben hat. Alle haben an mich geglaubt, als ich es nicht mehr tat und gaben mir die Liebe, die ich brauchte, um wieder ein normales Leben führen zu können. Ich bin sehr stolz auf euch!! Danke dass es euch gibt.

Meine Freunde, die mir mit vielen Gesprächen und aufbauenden Worten Mut zusprachen, für mich da waren und mich auf diesem Weg begleitet haben.

Dr. Stefan T., der mich gerade am Anfang nicht in eine Diagnoseschublade steckte, der mir aufzeigte dass ich fünfunddreißig Lebensjahre nicht in zwei Jahren aufarbeiten kann und sich mit viel Geduld mit meiner Symptomatik auseinandersetzte.

Frau Dr. V.V., die mich während meines fünfmonatigen Aufenthaltes in der Klinik betreute und anschließend noch drei Jahre ambulant. Durch ihre besondere Art der Therapie, ihre direkte Art, half sie mir bei der Umsetzung vieler erlernter Therapiemethoden und konnte mich in all den Jahren weit voranbringen.

Frau Dr. Anja N., die mich aktuell therapiert und mit guten Gesprächen Schritt für Schritt in die „Selbstständigkeit" führt. Durch therapeutische Hausaufgaben leitet sie mich an, mich mit meiner Problematik bewusst auseinanderzusetzen.

Herrn Anton R., der mich mit systemischer Psychologie und Psycho-Kinesiologie während meiner Therapie alternativ unterstützte. Danke für die intensiven Gespräche und Erfahrungen.

Yvonne Werner, Fotografin & Visagistin (www.schoenheit-mit-system.de), übernahm das Fotografieren meiner gemalten Bilder, damit sie Bestandteil dieses Buches werden können.

Weiterer Dank geht an all die Ärzte/Ärztinnen, Pfleger, Schwestern und Therapeuten/innen in den verschiedenen Kliniken, die mich in meinen Akutphasen betreuten und regelmäßig auffingen, wenn ich am Boden zerstört war. Hier habe ich sehr viel fachliche Kompetenz erfahren.

Häufig kämpfen Herz und Verstand miteinander,
dann liegt es an uns,
herauszufinden,
wer von beiden der Gewinner sein wird.
Das Herz führt uns häufig in unsere Seele
und zeigt uns Gefühle.
Der Verstand hilft uns häufig,
mit den Füßen am Boden zu bleiben.
Doch welches ist der richtige Weg?
Entscheide bewusst und spontan!!!

Ich kam am 08. Februar 1973 als Erstgeborene von zwei Kindern in Würzburg zur Welt. Bis zu meinem zwölften Lebensjahr wuchs ich in einem kleinen Ort in der Nähe von Würzburg auf. Danach begann eine Zeit mit vielen Umzügen und Schulwechseln. Meine Kindheit war von schweren Schicksalsschlägen geprägt. Mit achtzehn Jahren lernte ich meinen Mann kennen und bin seitdem glücklich verheiratet und mittlerweile Mutter von zwei wundervollen Söhnen . Beruflich lernte ich nach der Schule Hotelfachfrau, was mich jedoch nicht wirklich erfüllte, sodass ich diese Ausbildung abbrach. Seitdem arbeite ich seit nun zwanzig Jahren als Heilerziehungspflegerin in einer Wohngruppe für Menschen mit geistigen und psychischen Erkrankungen, was mir großen Spaß macht.

Bereits im Teenager-Alter habe ich immer wieder Gedichte geschrieben und so meine Gefühle zum Ausdruck gebracht.

Jedoch erst im Jahre 2006, nach einem schweren psychischen Zusammenbruch, integrierte sich die Schreiberei so wirklich in mein Leben, und ich hielt meine Gedanken und Gefühle in Form von Gedichten und Texten fest.

Die Idee, ein Buch über mein Leben mit meiner psychischen Erkrankung zu schreiben, spukte schon viele Jahre in meinem Kopf herum. Sie war aus meiner persönlichen Homepage und den vielen positiven Rückmeldungen von betroffenen Menschen entstanden. Ich fühlte den Drang danach, anderen Menschen Mut zu machen und ihnen zu zeigen, dass sie mit ihrem Schmerz nicht allein sind und vor allem, dass es einen Weg heraus aus dem seelischen Schmerz gibt.

2014 war es dann soweit. Ich schrieb das Manuskript zu diesem Buch und erfüllte mir damit einen Lebenstraum.

Wenn ihr noch mehr über mich und meine Geschichte erfahren wollt, dann besucht meine Homepage unter www.nicole-horn.de